Richard Hennig

Richard Hennig: Die Charakteristik der Tonarten

Richard Hennig

Richard Hennig: Die Charakteristik der Tonarten

ISBN/EAN: 9783744636650

Hergestellt in Europa, USA, Kanada, Australien, Japan

Cover: Foto ©Thomas Meinert / pixelio.de

Weitere Bücher finden Sie auf **www.hansebooks.com**

Vorwort.

Der allumfassende Genius eines Helmholtz war es, der zuerst eine Brücke schlug zwischen künstlerischem Empfinden und exakter Forschung, zwischen zwei scheinbar ganz heterogenen und oft genug feindlich gegenüberstehenden Geistesdisciplinen. Er stellte die musikalische Kunst auf naturwissenschaftliche Grundlage und hat damit ein Werk geschaffen, dem sich Forscher wie Künstler in gleicher Bewunderung neigen müssen. Aus demselben Streben, das Helmholtz' hehren Geist zu seinen bahnbrechenden Forschungen antrieb, aus dem Streben, die naturwissenschaftlichen Gesetze der Musik zu erkennen, ging auch die vorliegende Arbeit hervor. Sie versucht die Helmholtzschen Ergebnisse nach einer bestimmten Richtung hin auszubauen und zu ergänzen, nach einer Seite, welche vielleicht gerade die produktive und ausübende Kunst besonders nahe angeht.

Ich weifs sehr wohl, dass die hier niedergelegten Resultate vielfachen Widerspruch finden werden; ich betone aber ausdrücklich, dass ich selbst meine Ergebnisse nur als provisorische ansehe, die in mehr als nur einer Beziehung noch ergänzt, modificiert und verbessert werden müssen. Die schwierige Behandlung des zu untersuchenden, noch dazu ziemlich spärlichen Materials, sowie die mannigfachen subjektiven Fehlerquellen, welche gerade in dieser Frage besonders reichlich fliefsen, machen es dem Einzelnen geradezu unmöglich, das behandelte Thema bis zum Abschluss zu fördern. Es bedarf vielmehr des Zusammenarbeitens von vielen Seiten, ehe man ein endgültiges Urteil über die einzelnen Punkte der Frage zu fällen vermag.

Aber mögen nun die von mir gewonnenen Resultate im vollen Umfange bestätigt oder im einzelnen widerlegt werden, in der einen oder andren Weise wird, wie ich hoffe, die Arbeit doch Nutzen zu bringen vermögen.

Endlich unterziehe ich mich einer angenehmen Pflicht, indem ich allen denen meinen herzlichsten Dank ausspreche, die mich in meiner Arbeit so bereitwillig unterstützten, teils indem sie mir statistisches Material verschafften und willig auf meine mannigfachen Fragen Auskunft erteilten, teils indem sie mich auf diesen oder jenen Punkt in der Behandlung des Themas aufmerksam machten. Ihre Namen sind im Text selbst genannt; an dieser Stelle will ich daher nur noch ganz besonders meinem lieben Freunde, Herrn cand. med. Leonor Michaelis, herzlich danken für das rege Interesse, das er meiner Arbeit von Anfang bis zu Ende entgegenbrachte, und für die vielen wertvollen Anregungen, die ich ihm verdanke. Auch Herrn Oberbibliothekar Dr. Kopfermann von der Kgl. Bibliothek zu Berlin spreche ich an dieser Stelle meinen besonderen Dank aus für die nie versagende Liebenswürdigkeit, mit der er meine mannigfachen Wünsche in betreff von Litteraturnachweisen und Musikalien erfüllte.

Berlin, den 27. November 1896.

Richard Hennig.

Historisches.

Dass einer jeden Tonart ein besonderer Charakter zuzusprechen sei, gleichviel auf welchem Instrument sie erklingen, wurde bis in die erste Hälfte dieses Jahrhunderts fast allgemein als feststehende Thatsache angesehen. Es scheint, als ob früher diese Frage ziemlich häufig ventiliert wurde, und zwar von seiten der Verteidiger wie der Widersacher mit grofser Entschiedenheit und Hitzigkeit. Die bekanntesten Werke, in welchen sich eingehendere Charakterisierungen der Tonarten finden, stammen von Mattheson (1713), Schubart (nachgelassenes Werk, 1806), Schilling (1838) und Marx (1862), ihre Auslassungen über die Eigenarten der Tonarten sind jedoch grofsenteils sehr wunderlicher und phantastischer Natur, stehen sich sogar zuweilen diametral gegenüber, wodurch das vielfach völlig Willkürliche jener Definitionen aufs deutlichste gekennzeichnet ist. Welchen gewaltigen Unterschied man aber vielfach zwischen den einzelnen Tonarten hinsichtlich ihrer Charakteristik machte, das beweist am besten der Aufsatz eines ungenannten Verfassers in der musikalischen Zeitschrift »Cäcilia« (Jahrg. 1824 No. 4), welcher in entschiedenster Weise gegen das Transponieren aus einer Tonart in die andere Front macht und unter anderen folgenden Passus enthält: »Welch eine ärgerlich peinliche und widerwärtige Wirkung eine solche Transposition auf ein der Musik nicht unkundiges Gemüt hervorbringen kann, ... das haben wir an uns selbst verspürt. so oft wir die treffliche Arie: »Du malheur auguste victime, im Oedip von Sacchini, von Lais statt in A-dur in G-dur, ... gehört haben ...... Wir würden lieber (!) noch eine Umänderung der zu hohen Passagen, als das einzige Mittel, sich aus der Verlegenheit zu helfen, anraten«.

Die Überschwenglichkeit und Willkürlichkeit der Verteidiger der Charakteristik, welche in Schillings »Musikalischem Konversationslexikon« vom Jahre 1838 ihren Höhepunkt erreichte, rief alsbald eine ebenso einseitige und vorurteilsvolle Gegenreaktion hervor. Schon in der »Leipziger allgemeinen musikalischen Zeitung« vom 6. April 1825 findet sich eine etwas reserviertere und skeptische, jedoch herzlich unklare Aussprache über die Tonarten-Charakteristik. Der erste entschiedene Vorstofs der Gegner erfolgt jedoch erst im 5o. Bande derselben Zeitschrift in den Nummern vom 16. August und 6. September 1848. Dieser Aufsatz, »Ketzerische Rhapsodien eines musikalischen Skeptikers, Rhapsodia III« betitelt, ist ebenfalls anonym erschienen — der Verfasser unterzeichnet Hdt —; er schlägt vielfach den Ton überlegener Ironie und moquanten Witzes an und kann schon aus diesem Grunde nicht als unparteiisch angesehen werden. Nichtsdestoweniger enthält er gar manchen beachtenswerten Gedanken. Gleich zu Beginn findet sich der treffende Ausspruch über die Ansichten der Gegner: »Aber da finden wir gleich von vornherein, dass all' den schönen Behauptungen und hübschen Redensarten eine einzige kleine Kleinigkeit fehlt: eben der Beweis«. Nach diesem sehr berechtigten Vorwurf lässt sich nur leider der Verfasser selbst den von ihm so gerügten Fehler zu schulden kommen. Er behauptet z. B., als er von Klavieren spricht, welche um einen halben Ton verschieden gestimmt sind: »Das A-dur des einen ist auch nicht um ein Haar breit von dem B-dur des anderen verschieden«, ohne auch nur den Versuch zu machen, diese Behauptung zu begründen. Infolge dieser Parteilichkeit und Voreingenommenheit verliert der Aufsatz sehr an Wert. Recht beachtenswert aber ist der Versuch eine Erklärung zu geben für die älteren Wahrnehmungen von Unterschieden in den Charakteren der Tonarten: Der Verfasser bestreitet nämlich die Charakteristik nur für die temperierte Stimmung und giebt zu, dass bei ungleichschwebender

Temperatur Unterschiede der Tonarten möglich sein könnten. Die bis in dies Jahrhundert hinein ziemlich weit verbreitete Kirnbergersche Temperatur musste nämlich die grofsen Terzen Des-F, Es-G, As-C, B-D stark, E-Gis, Fis-Ais*), A-Cis weniger stark erhöhen, so dass nur C-E, D-Fis, F-A, G-H, H-Dis rein gestimmt waren; von den kleinen Terzen waren sogar nur drei (E-G, A-C und H-D) rein gestimmt, so dass nur der C-dur-, F-dur- und A-moll-Dreiklang in richtiger Stimmung erklangen, während alle Dreiklänge der übrigen Tonarten mehr oder weniger unrein waren.

Wenn dieser durchaus plausible Grund der einzige wäre, welcher eine Charakteristik der Tonarten bedingte, so wäre natürlich bei der jetzt allgemein eingeführten gleichschwebenden Temperatur jeder charakteristische Unterschied ausgeschlossen, und Hdt. hätte Punkt für Punkt recht. Nur hat dieser Herr sich nicht der Mühe unterzogen, nach weiteren Möglichkeiten, die eine Verschiedenheit der Ausdrucksfähigkeiten bedingen könnten, zu forschen. Der einzige Faktor, welchen er noch als die Ausdrucksfähigkeit beeinflussend anführt, ist der, dass im Violinspiel ein häufiges Benutzen der leeren Saiten einigen Tonarten, zumal dem D-dur, einen helleren, klareren Klang verleiht, als den übrigen Tonarten. Inwieweit diesem Faktor Rechnung zu tragen ist, wird noch eingehend erörtert werden.

Der Standpunkt, welchen Hdt. einnahm, rang sich bald genug zum mafsgebenden durch. Schon in der Mitte der 5oer Jahre wird die Lehre von der Charakteristik der Tonarten vielfach als überwunden betrachtet.

Eine wissenschaftliche oder auch nur eine ruhig sachliche, unparteiische Untersuchung der Frage fehlte jedoch nach wie vor. Voreilig verwarf man jetzt, was man bislang als Dogma geglaubt hatte. Da war es Helmholtz, der in seiner bewundernswerten Vielseitigkeit auch dieses Gebiet befruchtete. Er wies (im Jahre 1862) auf weitere Thatsachen hin, welche cha-

---

*) In dem citierten Artikel ist fälschlich Fis-A angegeben.

rakteristische Unterschiede innerhalb der Tonarten bedingen könnten. Auf S. 5o3 seiner Lehre von den »Tonempfindungen« sagt er, dass der Anteil, welcher den schwarzen und weifsen Tasten an einer Tonart zukäme, verschiedene Charaktere zu bedingen im stande sei; der Anschlag auf den schwarzen Tasten könne nicht ebenso kräftig sein, wie der auf den weifsen, weil diese einen etwa um $^1/_7$ längeren Hebelarm hätten als jene. Natürlich sind die hierdurch bedingten Charaktere für sich betrachtet völlig verschieden von denen, welche eventuell durch den Anteil der leeren Saiten im Violinspiel oder durch ungleichschwebende Temperatur bedingt werden. Genaueres hierüber später!

Einen wichtigeren, weil für alle Instrumente gültigen Faktor, welcher gewisse Unterschiede hervorzurufen geeignet ist, sieht Helmholtz in dem Umstande, dass g'''' ein Eigenton des menschlichen Ohres ist, sodass Klänge, in welchen dieser Ton als Oberton auftritt, etwas schärfer und heller klingen dürften, als andere, in welchen g'''' nicht als Oberton hervorsticht. Helmholtz sagt wörtlich (a. a. O. S. 5o4): »Das g'''' ist nämlich ein Eigenton des menschlichen Ohres und klingt daher dem unbewaffneten Ohre besonders schrill; etwas von dieser Schärfe kommt auch noch dem fis'''' und as'''' zu. In geringerem Mafs zeigen diejenigen Klänge, in denen jenes g'''' als Oberton vorkommt, einen etwas helleren und schärferen Klang als ihre Nachbarn, nämlich das g'''', c'''' und g'''. Es mag nun für Stücke in C-dur nicht gleichgültig sein, wenn ihre hohe Quinte g'' und Tonica c''' diesen scharfen Klang vor den anderen Tönen zeigen, aber jedenfalls sind diese Unterschiede nur schwach und ich muss es vorläufig dahin gestellt sein lassen, ob sie in das Gewicht fallen.«

Doch ist es nicht sehr wahrscheinlich, dass ein so hoher Oberton für Charakterunterschiede der Tonarten wesentlich in Betracht kommt. Die Dreiklänge der kleinen, ein- und zweigestrichenen Oktave, die man hauptsächlich berücksichtigen muss, enthalten schon zum überwiegenden Teile g'''' als Oberton, und wenn man, wie Helmholtz will, fis'''' und as'''' hinzurechnet, so ist in allen Dreiklängen mindestens ein scharfer Oberton vorhanden, so dass ihr Charakter dadurch nur wenig untereinander differieren kann. Im übrigen wird der Eigenton des menschlichen Ohres doch auch individuell zu sehr variiren*). Endlich hat noch kein Verteidiger der Tonarten-Charakteristik dem C-dur einen besonders scharfen und hellen Klang beigelegt.

Wenn man demnach nun auch soviel wird behaupten dürfen, dass der Eigenton des menschlichen Ohres eine Charakteristik bestimmter Tonarten nicht bedingen kann, so hat doch Helmholtz mit jenem Hinweis einen sehr wichtigen Fingerzeig gegeben. Er hat damit zuerst darauf aufmerksam gemacht, dass physiologische Eigenheiten vorhanden sein können, welche Unterschiede in der Ausdrucksfähigkeit der Tonarten nicht nur erklären, sondern sogar bedingen können. Und zwar Unterschiede der Tonarten, welche sich nicht jeder Wandlung des Normalstimmtons anpassen und unter allen Umständen an die gleichen Vorzeichnungen geknüpft sind, sondern Unterschiede, welche Tönen von ganz bestimmter Schwingungszahl zukommen und welche nicht gebunden sind an Normalton und Vorzeichnung. Oder mit anderen Worten, jene physiologischen Eigenheiten würden bedingen, dass eine Tonart den besonderen Charakter, welcher ihr eventuell zu eigen ist, nur solange behält, als der Stimmton der gleiche bleibt; wenn dieser aber etwa um einen halben Ton erhöht wird, so giebt sie den Charakter ab an die um einen halben Ton tiefere Tonart. Es wird also künftighin notwendig sein, beim Sprechen von einer bestimmten Tonart, etwa A-dur, zu unterscheiden zwischen einem A-dur, welchem 3 ♯ vorgezeichnet sind, und einem A-dur, welches bedingt ist durch die Stimmung a' = 440 Schwingungen**). Für diesen letzteren,

---

*) Bei mir persönlich ist er e"" oder f"".
**) Wenn hier und im folgenden von Tonarten die Rede ist, so ist immer an die gleichschwebende Temperatur gedacht, da ja dieser jetzt allein noch praktische Bedeutung zukommt.

ungewöhnlichen Begriff der Tonart möchte ich, da ich im folgenden mehrfach damit operieren muss, eine besondere Bezeichnung einführen und zwar schlage ich den Namen »absolute Tonart« vor, da sie rein theoretisch fixiert ist und durch keine Unvollkommenheiten der Praxis tangiert wird.

Während vor Helmholtz alle Erklärungsversuche für Charakteristiken der Tonarten sich nur auf die durch Vorzeichen bestimmten Tonarten bezogen und für jede beliebige Stimmung des a' gültig blieben, würde der Helmholtzsche Hinweis auf den Eigenton des menschlichen Ohres, wenn dieser überhaupt einen charakteristischen Ausdruck bedingen könnte, lediglich für die absoluten Tonarten Bedeutung haben. Ebenso würde jede andere physiologische Eigenheit des Gehörs ausschließlich eine Charakteristik der absoluten Tonarten hervorzurufen im stande sein.

Helmholtz hat sich leider nicht weiter mit der Charakteristik der Tonarten beschäftigt und sich mit den erwähnten Andeutungen begnügt. Es ist dies zu bedauern, da er der erste und gleichzeitig der einzige war, der bisher das vielumstrittene Thema vorurteilslos und streng nach echter Forscher Weise in Angriff genommen hatte. Da er sich jedoch nicht weiter in die Materie vertieft hatte, blieb die Frage, ob eine Charakteristik der Tonarten existiere oder nicht, bis zum heutigen Tage unentschieden und — ununtersucht. Meist nur in Betrachtungen über die Ästhetik der Tonkunst wird die Frage überhaupt gestreift, und überall finden wir dann bloß eine vorgefasste, unbewiesene Meinung geäußert, zuweilen in recht scharfer, die gegenteilige Ansicht herabsetzender Form. Während z. B. Zellner in seinen »Vorträgen über Musik« in durchaus unberechtigter Weise mit sehr herben Worten sich über die Lehre von der Charakteristik der Tonarten moquiert, finden sich andererseits Auslassungen, welche den Zweiflern an dieser Lehre Mengel an musikalischem Sinn vorwerfen. Als Beispiel citiere ich die Äußerungen eines Musikschriftstellers, Paul Ertel, in einer Nummer der Zeitschrift »Kritik« vom 20. Februar 1896: »Ich will nun an dieser Stelle nicht weiter auf die nur von unwissenden und unmusikalischen Ästhetikern bestrittene Frage eingehen, ob einer Tonart ein bestimmter Klangcharakter innewohnt oder nicht. In hohem Grade thöricht und verständnislos ist es, zu behaupten, dass die Tonart garnichts mit dem Stücke gemein habe, für dasselbe gleichgültig sei. Wie ich schon sagte, können nur absolut unmusikalische Menschen mit einer so leicht widerlegbaren ·Ansicht immer wieder vor die Öffentlichkeit treten«. Also hüben und drüben die gleiche Verbissenheit in eine vorgefasste Ansicht; man beleidigt einander, aber beweist nicht. Weniger schroff, aber nicht minder zuversichtlich, lauten die Ausführungen anderer Musikschriftsteller über den fraglichen Gegenstand. Und so kommt es denn, dass die Lehre von der Charakteristik der Tonarten heute weniger denn je als ein erledigtes Thema aufgefasst werden kann. Man betrachtet sie in unparteiischen Kreisen als einen Gegenstand, über den die Meinungen eben geteilt sind und geteilt bleiben werden. Der bekannte Musikkritiker Wilhelm Tappert äufserte sich noch ganz kürzlich (in der Morgennummer des »Kleinen Journal« vom 14. September 1896) über die Tonarten - Charakteristik folgendermafsen: »Die oft ventilierte Frage hielt ich für geeignet, in einer Sitzung des Tonkünstler - Vereins erörtert zu werden. Nicht als ob sie jetzt und dort ihre endgiltige Lösung finden könne, mehr geleitet durch die Überzeugung, dass solche ehrwürdige Zankäpfel ab und zu auf den Markt gebracht werden müssen«. Die folgende Untersuchung der Frage ist meines Wissens die überhaupt erste, welche bisher in eingehender Weise vorgenommen worden ist.

Bisherige Erklärungsversuche der Charakteristik und Art der Untersuchung des Themas.

Stellt man die in der bisherigen Litteratur vorhandenen Erklärungen der Charakteristik und andere, auf welche Verf.

in Privatgesprächen aufmerksam gemacht wurde, zusammen, so erhält man deren eine ganze Anzahl. Wir wollen diese nun einzeln einer Betrachtung unterziehen und auf ihre Bedeutung hin prüfen. Es mag dabei gleich von vornherein die Vermutung ausgesprochen werden, dass jede dieser Erklärungen im stande sein kann, in gewissen Fällen und für einzelne Individuen eine Sonder-Charakteristik von Tonarten zu veranlassen.

1. Um mit Eigentümlichkeiten gewisser Instrumente anzufangen, welche Verschiedenheiten in der Charakteristik mancher Tonarten bedingen können, sei an erster Stelle der Einfluss der schwarzen und weifsen Tasten beim Klavier genannt, über den schon in der Einleitung gesprochen wurde.

Ich habe gefunden, dass auf der Mehrzahl der Klaviere, zumal auf solchen, welche schon viel benutzt sind, allerdings ein ganz auffallender Unterschied zwischen weifsen und schwarzen Tasten besteht. Der Klang in der letzteren ist im allgemeinen weit dumpfer, besonders deutlich in den Mittellagen, etwa von der grofsen bis zur zwei- oder dreigestrichenen Oktave. Allein an der jeweiligen Klangfarbe kann man schon bei sehr geringer Übung erkennen, ob eine schwarze oder weifse Taste angeschlagen ist, bei längerer Übung auch, ob ein angeschlagener Dreiklang den #- oder b-Tonarten angehört. Bei zahlreichen anderen Klavieren freilich ist ein irgendwie merkbarer Unterschied zwischen schwarzen und weifsen Tasten absolut nicht zu entdecken.

Zieht man speciell die Dreiklänge in Betracht, welche ja bei geeigneten Klavieren*) weitaus am meisten ins Gewicht fallen werden, so sieht man, dass den Dreiklängen von B-dur, B-moll, H-dur, H-moll, Ges-Fis-dur und Es-moll je eine Verteilung der schwarzen und weifsen Tasten zu eigen ist, welche keiner anderen Tonart des gleichen Geschlechts zukommt. Die genannten Tonarten müssten daher beim Klavierspiel relativ

---

*) Dieser Ausdruck soll fortan für die eigentlichen Klaviere wie für die Flügel gelten.

am leichtesten zu erkennen sein, während z. B. der Klangcharakter des C-dur-Dreiklanges in nichts von Jdem des F-dur
und G-dur verschieden sein dürfte. Nun zeigt sich aber, dass
keineswegs die genannten 6 Tonarten beim Klavierspiel leichter
erkannt werden als andere, sodass dem Anteil der schwarzen
und weifsen Tasten an einer Tonart nur eine untergeordnete
Bedeutung bezw. nur in seltenen Fällen eine Bedeutung für
die Erkennung zukommen kann. Nichtsdestoweniger muss
dieser Faktor zuweilen eine Rolle spielen, wie die folgenden
Ausführungen beweisen werden.

Die Erkennung einer auf einem normalen Klavier gespielten Tonart kann entweder bedingt sein durch »absolutes
Gehör« oder durch wirklich objektive Charaktereigentümlichkeiten der »absoluten Tonarten« oder durch den Einfluss der
schwarzen und weifsen Tasten auf die Charakterisierung. Für
die beiden ersten Möglichkeiten muss es gleichgültig sein, ob
das Instrument die Normalstimmung (a' = 440 Schwingungen)
hat oder nicht, es muss unter allen Umständen die »absolute
Tonart« erkannt werden; im letzteren Falle dagegen muss die
gerade auf dem Klavier gespielte Tonart, nicht die absolute
erkannt werden, welche Wandlungen auch der Stimmton
a' durchmacht. Instrumente, welche durchweg einen halben
Ton zu hoch oder zu tief gestimmt sind, wie man sie nicht
gerade selten antrifft, müssen also ein Erkennungsmittel abgeben, welche der citierten Möglichkeiten bei der Erkennung
mitspielt. Es zeigt sich nun, dass in gewissen Fällen thatsächlich die wirklich gespielte, nicht die absolute Tonart erkannt wird. Auf einem um einen halben Ton zu hoch gestimmten Klavier (a' = circa 468 Schwingungen) wurde F-dur
und B-dur gespielt, welche also den absoluten Tonarten Fis-dur
und H-dur entsprachen; nichtsdestoweniger wurden sie von
einem mir bekannten sehr musikalischen Herrn, dem noch vielfach zu erwähnenden Herrn cand. med. Michaelis, welcher
grofse Sicherheit im Beurteilen von auf dem Klavier gespielten
Tonarten hat, unbedenklich als F-dur und B-dur bezeichnet.
Hier bleibt also der Anteil der schwarzen und der weifsen

Tasten an der Tonart allein als Erklärung übrig. Ein ander
Mal jedoch genügte demselben Herrn ein einziger Akkord, um
einen D-dur-~~Dreiklang, welcher auf~~ einem anderen um ½ Ton
verstimmten Klavier angeschlagen wurde, mit Sicherheit als
solchen zu erkennen. Dieser Fall könnte an der gegebenen
Erklärung wieder zweifeln lassen, indem diese eine Charakter-
Identität des D-dur Dreiklanges mit dem des A-dur und E-dur
verlangen würde. Die Sicherheit, mit welcher die Tonart als
D-dur und nicht als das nahe benachbarte E-dur analysiert
wurde, bleibt also unverständlich.

Jedenfalls aber darf man sein Urteil dahin zusammen-
fassen, dass nur in sehr wenigen Fällen die Verteilung der
schwarzen und weißen Tasten auf dem Klavier zur Erklärung
charakteristischer Empfindungs - Unterschiede den Tonarten
gegenüber herbeigezogen werden kann, dass dieser Faktor eine
viel zu untergeordnete Rolle spielt, als dass man aus
ihm Charaktere einzelner Tonarten ableiten könnte.

2. Wie auf dem Klavier die Verschiedenheiten der
schwarzen und weißen Tasten, so können auch individuelle
Eigenheiten anderer Instrumente manchen Tonarten in nicht
unwichtiger Weise Charaktere beilegen. So werden die
»Naturtöne« und die sich darauf aufbauenden Tonarten der
Blasinstrumente anders klingen als andere durch Kunstgriffe
und mechanische Hilfe erzeugte Töne. Am meisten aber
dürfte in dieser Beziehung der Anteil von leeren Saiten der
Violine an einer Tonart ins Gewicht fallen. Schon in der
»Leipziger Allgemeinen Zeitung« vom Jahre 1824 (Bd. XXVII
S. 225) wird dieser Faktor zur Erklärung der Charakteristik
herbeigezogen: »Die häufig offen angestrichenen Saiten D, A, E
färben ihre Tonart heller, sowie andererseits bei den b-Tonarten das öfters notwendige Aufsetzen den Ton wie mit Flor
bedeckt«. Der Verfasser dieses Artikels geht sogar so weit, dass
er die Meinung äußert, der durch das Violinspiel den Tonarten
einmal aufgeprägte Charakter werde unwillkürlich auf alle andren
Instrumente übertragen. Auch zahlreiche andere Schriftsteller
legen auf die leeren Saiten der Streicher das Hauptgewicht

für die Entstehung der Tonarten-Charakteristik. Dass thatsächlich die genannten Eigenheiten der Streichinstrumente, speciell der Violinen, sehr wesentlich die Tonarten beeinflussen, beweist schon die eine Thatsache, dass eine Solovioline, deren Saiten ½ Ton zu hoch gestimmt sind, beim Spielen in Es-dur oder As-dur auffallend grell von dem begleitenden, normal gestimmten Streichorchester abstechen. Paganini bediente sich dieses Kunstgriffs besonders häufig, um Musiker und Publikum zu verblüffen und frappierende Effekte zu erzielen.

Für gewöhnliche Stimmung ist es offenbar die Tonart D-dur, welcher im Violinspiel die hellste Färbung und damit ein besonders freier und strahlender Charakter zukommen muss. Es ist nun bekannt, dass man gerade dieser Tonart in allererster Linie einen triumphierenden, kraftvoll-prächtigen Charakter zuzuschreiben pflegt. Pflegte man doch früher allen Blechinstrumenten die D-Stimmung zu geben, so dass bis in dies Jahrhundert hinein alle von Blechmusik begleiteten Chöre und Orchestersätze, ebenso alle Armeemärsche etc. ausschließlich in D-dur stehen mussten. Und auch jetzt, wo die Vervollkommnung der Blechinstrumente den Komponisten nicht mehr an eine bestimmte Tonart bindet, wird D-dur besonders gern für geräuschvolle, triumphierende Musik verwandt. Nicht uninteressant ist auch die Thatsache, dass die pomphafte, effekthaschende Musik Spontinis diese Tonart besonders bevorzugt; fast alle Ouverturen dieses Komponisten stehen in D-dur.

Es fragt sich nun, ob die Ausnahmestellung, welche dem D-dur in der Entwickelung der Musik zu teil geworden ist, thatsächlich nur zurückzuführen ist auf den frischen, freien Klang des D-dur auf der Violine, so dass dieser Tonart nur durch die einmal willkürlich festgelegte Stimmung der Violinsaiten ihr Charakter aufoktroyiert wurde, oder ob vielleicht umgekehrt die Wahl der G-, D-, A- und E-Stimmung der Violinsaiten mehr oder weniger absichtlich vorgenommen wurde, ebenso wie die ehemalige D-Stimmung der Blasinstrumente, damit der möglichenfalls aus anderen Ursachen herstammende eigenartige, kraftvoll - glänzende Charakter des D-dur nicht durch Nebenumstände getrübt würde.

Diese letztere Möglichkeit ist schon von vornherein unwahrscheinllch; mit Sicherheit aber muss man sich für die erstere Annahme entscheiden, wenn man bedenkt, dass die Tonart D-dur zu den Zeiten Bachs und Händels (als typisches Beispiel sei das gewaltige »Hallelujah« aus dem »Messias« genannt) dieselbe Rolle spielte wie heutzutage, trotzdem die Stimmung der Instrumente seitdem um etwa einen ganzen Ton in die Höhe gegangen ist, so dass das um die Mitte des vorigen Jahrhunderts gültige D-dur an Höhe ziemlich dem absoluten C-dur entspricht.

Daraus ergiebt sich aber mit Sicherheit der Schluss, dass der Charakter, welcher in der Orchestermusik dem D-dur zugesprochen wird, nicht etwas Natürliches und allgemein Gültiges, sondern sozusagen etwas künstlich Gemachtes, Zufälliges sein muss. Freilich wird er heutzutage, wo den Blasinstrumenten die verschiedenartigsten Stimmungen zukommen und Modulationen in alle Tonarten möglich sind, lange nicht dermafsen hervortreten können, wie in früheren Zeiten, wo durch die allgemeine D-Stimmung das Charakteristische im D-dur der Violine nur erhöht und potenziert wurde. Wir werden deshalb die in Rede stehende Eigenschaft eines bestimmten Instruments heutzutage nur noch als einen Faktor von untergeordneter Bedeutung ansehen dürfen, der nur unter gewissen Bedingungen und Voraussetzungen, vielleicht auch nur für gewisse Personen (Violinspieler etc.) einer einzigen Tonart einen bestimmten Charakter verleiht.

Dass thatsächlich gar nicht oder nur sehr selten die leeren Saiten eine Rolle spielen können, jedenfalls aber nicht zur Erklärung der Charaktere genügen, wird bestätigt durch eine völlig unbefangene Äufserung, welche Berlioz, dieser feinfühlige Musiker, in seinem Werk: »Die moderne Instrumentation und Orchestration« macht (S. 33): «Die Violinen klingen viel glänzender, und spielen leichter in den Tonarten, die ihnen den Gebrauch leerer Saiten gestatten. Die C-dur Tonart

allein scheint von dieser Regel eine Ausnahme zu machen in
betreff ihrer Klangbarkeit; denn diese ist augenscheinlich viel
geringer, als die der Tonarten A und E, obschon sie 4 leere
Saiten benützt, während man in A nur 3, in E aber gar nur 2
behält.«

Endlich, um die geäufserten Vermutungen völlig zu entkräften, wird mir von Herrn Michaelis, der selbst Bratsche
und zuweilen Violine spielt, mitgeteilt, dass die Violinspieler im Emsemblespiel die leeren Saiten und
ihren scharfen Klang fast ganz vermeiden, dass sie
die betreffenden Töne stets auf einer fremden Saite erzeugen,
es sei denn, dass sie durch Doppelgriffe zur Benutzung leerer
Saiten gezwungen sind.

Dass auch für andere Instrumente, denen bestimmte Tonarten bequemer liegen als die übrigen, wie Klarinetten, Trompeten, Hörner etc., ebenfalls Unterschiede in den Charakteren
der Tonarten vorkommen, ist zweifellos. Im Solospiel eines
solchen Instruments mögen diese Unterschiede auch für den
Kenner hier und da zur Geltung kommen, im Orchesterspiel
jedoch müssen sie notwendigerweise völlig verschwinden.

Denn die immerhin doch nur sehr geringfügigen Unterschiede der Tonarten für ein einzelnes Instrument haben
gegenüber den gewaltigen Unterschieden im Charakterausdruck
der einzelnen Instrumente selbst sozusagen nur die Größe
von Differentialen. Nachdem daher die Eigenheiten der beiden
wichtigsten Instrumente, des Klaviers und der Violine, besprochen sind, können wir zu allgemeineren Gesichtspunkten
in der Behandlung unseres Themas übergehen, für die übrigen
Instrumente einzeln alle Möglichkeiten, die den Charakter
dieser oder jener Tonart beeinflussen könnten, festzustellen,
wäre ebenso zwecklos als uninteressant.

Jedenfalls kommen wir nach dem Gesagten zu dem Schlusse:
in der Orchestermusik können charakteristische
Unterschiede der Tonarten nur auftreten, wenn sie
nicht durch Eigenheiten bestimmter Instrumente bedingt sind, sondern wenn sie durch anderweitige,

für alle Instrumente gültige Faktoren verursacht werden. Diese Faktoren aber können, wenn überhaupt vorhanden, lediglich im subjectiven Empfinden des Hörers zu suchen sein.

3. Wenn wir nun auch die Charakteristik der Tonarten, soweit sie durch Eigentümlichkeiten eines bestimmten Instruments bedingt sind, als nebensächlich und unwichtig für unser von allgemeineren Gesichtspunkten ausgehendes Thema betrachten können, so haben wir doch noch einen ähnlichen Faktor zu berücksichtigen, dem möglichenfalls eine weitergehende Bedeutung zuzusprechen ist: die menschliche Stimme und ihren Umfang.

Kein geringerer als Vischer war es, der in diesem Umstand die Hauptbedingung für die Charaktere der Tonarten sah. Er sagt in seiner »Ästhetik« (Bd. III. S. 879): »Wir stellen diesen Satz, dass C nebst seinen Nachbartönen sozusagen die beste Mittellage und damit einen Vorzug in Bezug auf Helle und ruhige Tonkraft habe, dass es zwei Octaventöne besitze, die der Mittellage angehören, einen unteren immer noch hellen und einen oberen immer noch nicht zu scharfen und spitzen, während z. B. F, G, A sie schon nicht mehr haben, nicht als Behauptung, sondern als Ergebnis hin, das sich vielleicht auch anderen bestätigt.« Er behauptet also gewissermaßen, C-dur sei die Normaltonart, deren Grundtöne der menschlichen Stimme in allen Regionen am besten zusagen; alle anderen Tonarten seien Abweichungen, schwieriger zu singen und deshalb mehr oder weniger charakteristisch gefärbt.

Es ist mir nicht ganz klar, was Vischer dazu veranlasst haben kann, gerade dem c eine solche Bedeutung beizulegen. Es sieht so aus, als ob er die vier Stimmen Sopran, Alt, Tenor und Bass sich gewissermaßen schematisch vorgestellt hat. Für einen Chor, an den man nur mäßige Ansprüche hinsichtlich des Stimmumfangs stellen darf, pflegt man ja freilich Töne der C-dur-Tonart als äußerste Grenzen der einzelnen Stimmen anzunehmen: für den Sopran c′ und g″, für den Alt g und c″ oder d″, für den Tenor c und g′, für den Bass G

und d' oder e', während man als höchsten Ton der guten
Sopransängerinnen c''', der Tenöre das »hohe C« (nämlich c'')
hinstellt; und C ist auch der tiefste Ton, welcher von Komponisten den tiefsten Bässen zugemutet*) und thatsächlich auch
nur selten (durch norddeutsche oder russische »Kontrabassisten«)
noch überschritten wird. Aber man darf doch nicht vergessen, dass diese Vorstellung vom Stimmumfang nur ein
Schema ist, welches der Klaviatur entnommen, selbstverständlich nur die »weifsen Tasten« benutzen konnte. Man darf nicht
vergessen, dass zwischen allen Stimmen Übergänge bestehen, für
welche jenes Schema hinfällig wird, dass man für D oder B
genau dieselben Behauptungen aufstellen könnte wie für C.
Vischer legt willkürlich dem C-dur den normalen Charakter
bei und folgert daraus, »dass wir den normalen Charakter der
letzteren für blofsen Zufall zu halten uns nicht entschliefsen
können« (a. a. O. S. 880) — vorausgesetzt, dass ich seine nicht
ganz klaren Ausführungen richtig verstanden habe.

Ähnlich wie Vischer suchte auch Mendels »Musikalisches
Konversationslexikon« speciell den Charakter des D-dur auf eine
besondere Anpassung dieser Tonart an die menschliche Stimme
zurückzuführen. Es heifst nämlich darin (Bd. III S. 85 u. 86
Artikel »D-dur«): »Dass D-dur stets eine der am meisten an-
gewandten Tonarten ist und war, hat noch nicht genug ent-
schleierte psychische Ursachen, die in der Entwickelungszeit
unserer Tonarten dahin wirkten, dass man dem menschlichen
Organismus innewohnende Eigenheiten (durch ästhetische Auf-
fassungsweise später zuerst zu erklären versucht) ablauschte
und ohne dieselben zu erkennen, nicht allein D-dur als eine
viele Zeichen der Dureigenheit offenbarende Tonart häufig in
der Tonkunst direkt verwandte, sondern selbst die Tonwerk-
zeuge so konstruirte, dass sie diese Eigenheiten auch be-
safsen. . . . Diese scheinen zu sein, dass die mit der menschlichen Stimme wiedergebbaren Skalatöne von D-dur stets in

---

*) Z. B. von R. Succo in seiner kleinen Motette »Jerusalem«;
ebenso mehrfach von Bortniansky in seiner Motette: »Ehre sei
Gott in der Höhe«.

solcher Lage hervorgebracht werden, dass die Charaktere der
Intervalle, besonders die der Terz und Quinte, ungezwungen
in einer dem Charakter der Durtonart am besten entsprechenden Intonation durch eine angemessene Anstrengung der Er-
zeugungsorgane, einer sehr leicht von den inneren Organen
erkennbaren Klarheit, und zwar bei allen Menschen fast in
jedenfalls sehr ähnlicher Weise, erscheinen. Man denke z. B.
nur an die Klangweise des hohen fis, sowohl des von der
Männerstimme als des von der Frauenstimme erzeugten — eine
scharfe Tonhöhe und eine besondere Geltendwerdung der Beitöne sind wohl die wahrscheinlichsten Gründe — und man
wird wenigstens für die häufige Anwendung von D-dur sich
etwas Reelles anführen können.«

Die obigen Bedenken und Einwände gegen Vischers Ausführungen gelten natürlich Wort für Wort auch gegen diejenigen Mendels. Schon die einfache Thatsache, dass dem
einen C-dur, dem anderen D-dur als diejenige Tonart erscheint,
welche der menschlichen Stimme am besten angepasst ist, beweist, auf wie schwachen Füßen ihre auch sonst so willkürlichen Behauptungen stehen. Immerhin ist, wenigstens in
Mendels Ausführungen, ein wahrer Kern enthalten. Denn im
Forte-Gesang eines großen Chores müssen thatsächlich einige
Tonarten einen besonders strahlenden Charakter annehmen,
wenn nämlich die Terz des Grundtons in den hohen Lagen des
Sopran oder Tenor verwendet wird: alsdann werden gerade
die wuchtigsten Akkorde der Grundtonart und besonders der
Schlussakkord, auf den es wohl besonders ankommt, ein
starkes Forcieren der hohen Frauen- oder Männerstimmen erfordern, deren einer ja doch fast immer die Terz im Dreiklang
zudiktiert wird. Sopran aber wie Tenor haben in ihren hohen
Lagen etwas äußerst Hellglänzendes, Schneidendes, während
die allerhöchsten erreichbaren Töne an Schärfe wieder ab-
fallen, da sie zu gepresst erscheinen. Nur kann aus diesem
Umstande nicht auf den besonderen Charakter einer Tonart
geschlossen werden, zumal in einem Chor diese, im anderen
jene Töne am schmetterndsten erscheinen müssen, und ab-

gesehen davon sind ja doch diese Erscheinungen blofs für menschliche Stimmen wirksam; die Tonarten als solche erlangen dadurch aber keine Charaktere.

Betrachten wir nunmehr, ob wir für alle Instrumente gültige Faktoren auffinden können, welche lediglich in der oben angedeuteten Weise im subjektiven Empfinden des Hörers zu suchen sind!

4. Es wäre zunächst denkbar, dass die Art der Vorzeichen einer Tonart in vielen Fällen das bestimmende Moment wäre, welches eine bestimmte Vorstellung von dem Charakter einer Tonart bedingte. Der Charakterunterschied würde dann auf einer rein psychologischen Grundlage basieren. Diese Erklärung wird für sehr viele Fälle thatsächlich zutreffend sein. Man lese z. B. nur die folgenden beiden Stellen in Gathys »Musikalischem Konversationslexikon« vom Jahre 1840 nach, und es wird der Einfluss, welchen die Art der Vorzeichen hat, in die Augen springen: »Den durch Kreuze bezeichneten Molltonarten ist bei weitem nicht der Ausdruck des tiefen Schmerzes eigen, der die b-Molltonarten unterscheidet.« «Im allgemeinen haben die durch b, also durch Herabsenkung, Erniedrigung entstehenden Tonarten den Charakter des Traurigen, Herabgestimmten, dagegen ist den Kreuztonarten, durch Erhöhung entstehenden, auch der heitere, fröhliche Charakter, die höher potenzierte Stimmung eigen.« Gathy, ein gläubiger Anhänger der Tonarten-Charakteristik und ihrer wunderlichsten Auswüchse, der auf die Schillingschen Definitionen der Tonarten-Charaktere schwörte, glaubte also auf diese einfache Weise alle jene phantastischen, fast mystischen Eigenschaften, die man der Ausdrucksfähigkeit der Tonarten zuzuschreiben geneigt war, erklären zu können.

Die Tonarten-Charakteristik, welche auf solche Weise entstände, würde also lediglich psychologischen Motiven entspringen, und thatsächlich dürfte dem genannten Faktor nicht selten eine wesentliche Bedeutung zukommen.

Wo dies aber der Fall ist, da wird vermutlich meist der durch die Art der Vorzeichen bedingte Charakter durch die Anzahl derselben präzisiert und spezialisiert werden. Dass auch diese Möglichkeit unbedingt hier und da im Spiel ist, ergiebt sich aus einigen Definitionen von Tonarten bei Schubart und Schilling. So wird z. B. von Schubart über E-moll gesagt: »Da dieser Ton von Natur nur eine Farbe (d. i. ein ♯) hat, so könnte man ihn mit einem Mädchen vergleichen, weiſs gekleidet, mit einer rosenroten Schleife am Busen«, ferner über die Tonart Es-dur, den »Ton der Liebe, der Andacht, des traulichen Gesprächs mit Gott«, dass sie »durch ihre drei b die heilige Trias ausdrücke«, endlich über Gis-moll: »Griesgram, gepresstes Herz zum Ersticken, Jammerklage, die im Doppelkreuz hinseufzt u. s. w.«

Genau dieselbe Ansicht, wie Gathy sie ausspricht, findet sich in erweiterter und präzisierterer, geistvoller Form in Meyers Konversationslexikon (Artikel »Tonart« Bd. XV, S. 749 u. 750) ausgesprochen, dessen einzelne Artikel man bei der hohen Vollendung des Werkes wohl als wissenschaftliche Aussprüche citieren darf: »Der verschiedene Charakter der Tonarten ist kein leerer Wahn, hängt aber nicht, wie man hier und da lesen kann, von der ungleichartigen Temperatur der Töne ab (nämlich C-dur als am reinsten gestimmt gedacht), sondern ist eine ästhetische Wirkung, die in der Art des Aufbaus unseres Musiksystems ihre Erklärung findet. Dasselbe basiert auf der Grundskala der sieben Stammtöne A—G, und die beiden diese vorzugsweise benutzenden Tonarten C-dur und A-moll erscheinen als schlichte, einfache, weil sie am einfachsten vorzustellen*) sind. Die Abweichungen nach der Obertonseite (♯-Tonarten) erscheinen als eine Steigerung, als hellere, glänzendere, die nach der Untertonseite (b-Tonarten) als Abspannung, als dunklere, verschleierte; die erstere Wirkung ist eine dur-artige, die letztere eine moll-artige. Dazu kommt die Verschiedenheit der ästhetischen Wirkung der Dur-

---

*) Die Sperrungen sind im Original nicht vorhanden.

Tonarten und Moll-Tonarten selbst, welche in der Verschiedenheit der Prinzipien ihrer Konsonanz wurzelt; Dur klingt hell
Moll dunkel. Die Dur-Tonarten mit Kreuzen haben daher
einen potenzierten Glanz, wie die Moll-Tonarten mit Been
potenziert dunkel sind; eigenartige Mischungen beider Wirkungen sind das Helldunkel der Dur-Tonarten mit Been und
die fahle Beleuchtung der Moll-Tonarten mit Kreuzen. Die
Wirkung wächst mit der Zahl der Vorzeichen. ...
Die Schwierigkeiten der Applikatur belasten in einer ganz ähnlichen Weise die Vorstellung wie die des Systemes der Noten-
schrift, und Es-dur erscheint daher den Posaunisten, D-dur
den Flötisten, Oboisten und Violinisten als eine besonders einfache Tonart.«

Bestimmte Beispiele für diese letzten Behauptungen sind
mir nicht bekannt geworden, man würde aber darin einen
interessanten Beweis haben, wie durch zufällige, äufsere
Umstände Vorstellungen von Charakteren der Tonarten individuell entstehen können. Im übrigen machen
die citierten Auslassungen, welche mit seltener Klarheit und
Deutlichkeit von der Art des Einflusses der Vorzeichen ein
Bild geben, ganz den Eindruck, als ob der Schreiber seine
eignen Vorstellungen niedergeschrieben und sie — etwas zu
voreilig — generalisiert hat.

Auch andere Musiktheoretiker vertreten einen ähnlichen
Standpunkt, am präzisesten vielleicht Zammiter in seinem 1855
erschienenen Werk: »Die Musik und die musikalischen Instrumente», worin er auf S. 153 äufsert: »Hat einmal das Ohr durch
lange Gewohnheit C-dur als den Ausdruck des Einfachen und
entschieden Klaren und Kräftigen in der Musik angenommen, so
wird jede andere Dur-Harmonie um so mehr sich von jenem
Charakter zu entfernen und vielmehr dem Ausdruck aller
gegenteiligen Empfindungen sich zu bieten scheinen, je fremder
ihre harmonischen Verhältnisse derjenigen der C-dur-Harmo-
nieen sind. Dem nämlichen Ausdruck, welcher bei dem Laien
in der Musik nur durch die Modulation, nur durch die unmittelbare Nebeneinanderstellung der Tonarten erreicht wird

2*

ist das, ich möchte sagen, auf C-dur seines Orchesters ge-
stimmte Ohr des Musikers stets offen, wenn es auch eine Tonart nur an und für sich zu empfinden glaubt.«

Vischer, der ja dem C-dur schon eine Sonderstellung von
Natur anweist, geht noch einen Schritt weiter (a. a. O. S. 880):
»Es wäre durch dies hier Bemerkte bereits hinlänglich erklärt,
warum C einfach, natürlich, kräftig, G einfach und natürlich
ohne Kraft, D wiederum energisch und klangvoll, aber C schon
unähnlicher, A leicht und weich, E weich, aber noch gewichtiger und bereits weniger gewöhnlich, H kräftig, aber ungewöhnlich und damit bedeutsam, F mit G aber auch mit E
verwandt und daher sanft ohne leer zu sein, B dumpfer als C,
aber an F in Weichheit anklingend, Es weich und gehaltvoll,
aber natürlicher (G noch ähnlicher) als E, As weich wie G,
aber in ähnlicher Art wie E weniger gewöhnlich erscheint.«

Nein, das ist keineswegs hinlänglich erklärt, und am allerwenigsten geht aus den Vischerschen Begründungen hervor,
mit welchem Recht daraus eine so scharf präzisierte und
spezialisierte Charakterisierung abzuleiten ist; ich weise nur
darauf hin, dass H, welches »ungewöhnlich und damit bedeutsam« klingen soll, der absoluten Tonhöhe nach der nächste
Nachbar des C ist, und dass man nach Vischers oben er-
läuterter »Gesangstimmentheorie« — wenn ich sie für den
Moment so nennen darf — diese Tonart mit genau der gleichen
Begründung wie C als natürlichste und normale hinstellen
könnte.

Aus alledem scheint mir hervorzugehen, dass auch Vischers
Charakterisierung der Tonarten lediglich abgeleitet ist, um für
seine subjektive Vorstellung von den Charakteren Erklärungen zu finden. Ob er aus ihren thatsächlichen Klängen,
wenn er nicht wusste, welcher Tonart die gehörte Harmonie
zukam, die von ihm aufgezählten Charaktere heraushörte, ist
mir sehr zweifelhaft.

Auch hier treffen Vischer und Mendel in der Theorie
wieder zusammen, denn auch dieser äußert in seinem Lexikon
im Artikel »Tonart« (S. 230): »Ein Tonstück, in D-dur aus-

geführt, muss im Klange sich von der Ausführung in C-dur
bei ganz unveränderten inneren Verhältnissen eben so unterscheiden, wie der einzelne Ton c von dem d..., sodass, wie
die Terz e dem Grundton c näher verwandt ist, als die Sekunde d, auch die, auf jener erbaute E-dur-Tonart der C-dur-
Tonart im Klange näher verwandt ist als die D-dur-Tonart,
obgleich jene wiederum höher liegt als diese. Dementsprechend
gewinnen wir in der nach der Tonleiter folgenden F-dur-
Tonart sogar eine Vertiefung der Grundstimmung. . . . Die
weitere Charakteristik der Tonarten, wie die G-dur-Tonart den
hellen, aber mildplagalischen Charakter der Dominant gewinnt,
der sich in der A-dur-Tonart so steigert, wie der Charakter
der C-dur-Tonart in der D-dur-Tonart, und wie endlich die
H-dur-Tonart das, wir möchten sagen zugespitzte Kolorit des
Leittons gewinnt, ist nach alledem leicht einzusehen. Wie
ferner die chromatischen Halbtöne als Trübungen oder
Steigerungen der diatonischen Töne erscheinen, so auch die
auf ihnen erbauten Tonarten den diatonischen gegenüber. Die
Des-dur-Tonart erscheint verhüllter als die D-dur-, die Es-dur-
Tonart nicht schreiend und schwankend wie die E-dur-Tonart,
sondern mehr gedrungen und energisch festlich, und Ges- und
As-dur wiederum verhüllter im Klange wie A- und G-dur.
Wie die chromatischen Töne zwischen den diatonischen liegen,
so die auf ihnen erbauten Tonarten ihrer Klangfarbe nach.«

Am weitesten geht aber entschieden Marx, welcher im
zweiten Bande seines Werkes: »Gluck und die Oper« (Berlin
1863) sich am Schluss eingehend über die Charaktere der Tonarten ausspricht. Er stellt als Ausgangspunkt willkürlich und
ohne Beweis die Regel auf: »Die höhere Tonart hat erregtern
Charakter« (S. 357) und konstruiert nun daraus sein »Gesetz
der Polarität« (S. 358), welches in folgenden Abschnitten de-
finiert ist (S. 359): »Man kann die Reihe der Erhöhungen mit
,+‘, die der Erniedrigungen mit ,—‘, den weder an Erhöhungen noch Erniedrigungen teilhabenden Mittelton C mit
,0‘ bezeichnen. Diese mit —, 0, + bezeichnete Folge von
Tönen oder vielmehr der auf ihnen als ihren Toniken be-

ruhenden Tonarten (und zwar Dur-Tonarten) enthält einen
förmlich polaren Gegensatz, der schrittweise nach der
Höhe, und der ebenso nach der Tiefe strebenden Tonarten,
mit ihrem ‚Indifferenzpunkt' in der Mitte.

Auf der +-Seite herrscht die wachsende Erregung, auf
der —-Seite die nachlassende Erregung. Erinnern wir uns
nun, dass Höhe und Tiefe im Tonwesen der Ausdruck für die
gröfsere oder mindere Schnelligkeit der Schwingungen sind: so
dürfen wir allerdings wagen, die +-Seite im Tonreich als
Licht- oder Tag-Seite, die —-Seite als Schatten- oder
Nacht-Seite zu bezeichnen. Wie Licht und Schatten, Tag
und Nacht, Wärme und Kälte, so stehen die beiden Seiten
der tonischen (Tonarten-) Entwickelung einander gegenüber.
Und wie Licht und Wärme sich stufenweise steigern und
hinabstimmen, gerade so (mit zwei Ausnahmen) steigt und
sinkt in der Tonreihe der Charakter des Lichts und der
Wärme.«

In diesen Phantasmagorieen lässt Marx sich auch nicht
durch die Thatsache stören, dass Fis-dur und Ges-dur, eine
sehr »heifse Tonart« und eine sehr »kalte«*) auf dem Klavier
völlig identisch sind; er wird auf diesen Umstand zwar aufmerksam, setzt sich aber über alle Bedenken fort mit der Bemerkung, jene Tonart habe auch ein »zweifelhaftes und deshalb unsicheres und unfestes Wesen«. Dass er mit dem
fortschreitenden Quintenzirkel auf der +- wie auf der —-Seite,
statt zu immer höheren Hitze- bezw. Kältegraden vorzudringen,
schliefslich wieder zum »Indifferenzpunkt« zurückgelangt, be-
achtet er nicht.

Vischer, Mendel und Marx, von der gleichen Vermutung ausgehend, kommen also zu gänzlich verschiedenen
Charakterdefinitionen der Tonarten. Was haben wir nun von
all ihren und den übrigen Auslassungen zu halten? Vorstellungen, Einbildungen! Der Klang einer Tonart kann
keinen der jeweilig bezeichneten Charaktere wirklich enthalten,

---

*) Marx operiert mit diesen Ausdrücken und anderen ähnlichen.

denn C-dur ist ja nicht an und für sich »einfach«, »indifferent«,
sondern ist erst künstlich dazu gemacht. Marx sagt zwar
(S. 361): »Zu erklären vermögen wir diese Erscheinungen
nicht, wir können uns darüber nur auf das unmittelbare Empfinden und die Erfahrung in den Kompositionen berufen.«
Nun, die Erklärung der Erscheinungen liegt klar auf der Hand.
Die Vorstellungen, welche Marx sich von den Tonarten
machte, übertrug er in ihr Wesen, ihren Charakter. Seine
Tonarten-Charaktere existierten, aber nur für ihn, ebenso wie
für Vischer, Mendel und die übrigen citierten Theoretiker
die von ihnen empfundenen Charaktere existierten, aber ein
Generalisieren ihrer rein subjektiven Empfindungen war entschieden übereilt, und mit der »Erfahrung in den Kompositionen«, auf welche Marx sich beruft, kann es nicht allzu weit
her sein.

Nach allen diesen Ausführungen wird man zwar leicht auf
die Vermutung kommen, dass auf der Verschiedenheit der
Anzahl und der Art der Vorzeichen der Tonarten alle Unterschiede der Charaktere basieren, dass die alte Lehre von der
Charakteristik der Tonarten durch rein psychologische Ursachen entstanden, dennoch aber insofern generalisiert werden
darf, als diese psychologischen Ursachen für alle Individuen
eine wenigstens annähernd gleiche Wirkung hervorrufen werden.
Es ist ja nun auch sicher, dass in vielen Fällen bezw. für
gewisse Individuen — denn die Entstehung einer Tonarten-
Unterschiedsempfindung kann sehr wohl individuell verschieden sein — die in Rede stehenden Motive den Ausschlag
geben, doch darf man ihre Bedeutung nicht überschätzen.
Wenn die oben citierten Definitionen für den Ausdruck mancher
Tonarten auf die jeweiligen Vorzeichen zurückzuführen sind,
so finden sich andererseits auch wieder zahlreiche Aussprüche,
welche unbedingt jeden Einfluss der Vorzeichen ausschliefsen.
So heifst es in Schillings Lexikon (Bd. II S. 267): »Es-dur
und C-moll, obschon äufserlich verwandte Tonarten, haben
innerlich doch wenig gemein.« Überhaupt finden wir
fast nirgend, dass den Dur- und Moll-Tonarten mit

gleichen Vorzeichen derselbe oder auch nur ein ähnlicher Charakter beigelegt wird, wie es die obige
Theorie verlangen müsste; vielmehr sind beide meist
völlig inkommensurabel. D-dur z. B. wird durchweg als
eine glänzende, kraftstrotzende Tonart analysiert, als »Ton des
Triumphes, des Hallelujas, des Kriegsgeschreis, des Siegesjubels«, das verwandte H-moll dagegen wird von Hand
(»Ästhetik der Tonkunst«, 1837) ausdrücklich als »weichste
Tonart« bezeichnet. Wenn nun freilich auch D-dur aus schon
bekannten Gründen eine Sonderstellung unter den Tonarten
einnehmen könnte, sodass es vielleicht nicht mit H-moll ver-
glichen werden darf, so weisen doch auch andere parallele
Dur- und Moll-Tonarten nach den vorliegenden Definitionen
völlig abweichende Charaktere auf; man vergleiche z. B. nur
die Angaben über A-dur und Fis-moll oder Des-dur und
B-moll und andere.

Man ist daher gezwungen, den Anteil, welcher der Anzahl
der Vorzeichen an den Charakteren der Tonarten zukommt,
nur als einen untergeordneten zu betrachten, nur als einen
Faktor unter mehreren in Rechnung zu bringen. Individuell
mag ihm, wie gesagt, eine Bedeutung zukommen; dass er aber
dem Charakter einer Tonart ein allgemeingültiges Gepräge
verleiht, ist absolut ausgeschlossen. Lediglich die allgemein-
gültigen Einflüsse aufzusuchen will aber die vorliegende
Arbeit bezwecken.

Ob man die Art der Vorzeichen als einen solchen ganz
oder mindestens fast ganz allgemein gültigen Einfluss für die
Vorstellungen von dem Wesen der Tonarten zu betrachten
hat, ist eine Frage, die ich nicht leicht zu entscheiden wage.
Auffallend ist es immerhin, wie oft aller sonstigen Abweichungen
unerachtet einer Tonart ein um so klarerer, lichterer Charakter
zugesprochen zu werden pflegt, je mehr Kreuze sie hat, ein
um so ernsterer und schwermütiger, je mehr Been sie hat —
eine Reihe von Ausnahmen abgerechnet, von denen nachher
noch die Rede sein wird. Wenigstens wäre es möglich, dass
die Art der Vorzeichen zur Beurteilung einer Tonart den ersten,

und damit ja freilich entscheidendsten Anstofs liefert. Andererseits ist es nicht wahrscheinlich, dass die oft so auffallend,
auch in Einzelheiten übereinstimmenden Urteile über Tonarten-Charaktere, wie wir sie noch kennen lernen werden,
durch eine so fernliegende Ursache, wie es die Art der Vorzeichen ist, veranlasst und mit Hilfe ganz gleichmäfsiger, komplizierter Ideenassociationen konstruiert wurden.

Ehe über diesen schwierigen Punkt ein Urteil gefällt werden
kann, muss noch auf eine Thatsache von prinzipieller Wichtig-
keit aufmerksam gemacht werden. Eine Tonart kann für mich
einen spezifischen Charakter erlangen entweder indem ich ihr
einen solchen unwillkürlich beilege, veranlasst durch irgend
welche äufserliche Merkmale, oder aber indem ich aus ihrem
Klange einen bestimmten Charakter, der sie von anderen
ihres Geschlechtes unterscheidet, heraushöre. Im ersteren
sind ausschliefslich psychologische Akte, Verstandesurteile,
Assoziationen im Spiel, die Charakteristik ist eine rein subjektive Empfindung, im letzteren dagegen tritt das Willkürliche
mehr zurück, der Charakter erlangt etwas mehr Objektives*),
und vor allem: die Frage nach der Charakteristik der
Tonarten wird dem Experiment zugänglich, denn bei
einiger Übung muss die Versuchsperson imstande sein, eine gespielte Tonart lediglich an dem Charaktereindruck,
den sie ausübt, zu erkennen. Wenn es gestattet ist, das
Wort »objektiv« in dem in der Anmerkung erläuterten Sinne zu
brauchen, so können wir wohl unterscheiden zwischen
einer subjektiven (rein-psychologischen) und einer
objektiven (physiologisch-psychologischen) Tonarten-
Charakteristik. Bleiben wir zunächst noch bei der subjektiven, so kann man soviel mit Bestimmtheit behaupten, dass

---

*) Das Wort »objektiv« ist hier in einem eigenartigen Sinne
gebraucht, nämlich im Sinne von »nicht rein-psychologisch«. Die
bezeichnete Entstehung eines bestimmten Charakterausdrucks ist insofern natürlich gleichfalls rein subjektiv, als sie ausschliefslich
durch physiologische Prozesse bedingt sein wird, nicht etwa in
Eigentümlichkeiten der Tonschwingungen begründet ist.

eine allgemein gleiche Beurteilung irgend einer Tonart unter den geforderten Bedingungen ein Ding der Unmöglichkeit ist. Finden sich also mehrfach auffallende Übereinstimmungen in der Beurteilung der Charaktere, so kann man mit ziemlicher Sicherheit eine objektive Tonarten - Charakteristik annehmen. Es wird also zur Entscheidung unserer Frage notwendig sein, statistisches Material zu sammeln; durch Experimente der angedeuteten Art wird man dann in die Lage kommen, bindende Schlüsse zu ziehen. Schon bei einem einzelnen Individuum wird der leicht auszuführende Versuch, ob die Tonart eines Musikstückes an ihrem Charaktereindruck erkannt wird oder nicht (absolutes Tongefühl darf natürlich ebenso wenig wie andere Anhaltspunkte vorhanden sein), meist entscheiden können, ob die objektive oder subjektive Entstehungsweise vorliegt. Selbstverständlich ist es von vornherein nicht ausgeschlossen, dass auch beide Möglichkeiten neben einander vorkommen können. In die Details der subjektiven Entstehungsweise weiter einzudringen, wäre aber völlig zwecklos; ihre Charaktere sind erdacht, individuell, daher nicht von allgemeinem Interesse oder gar mafsgebend. Wir können uns damit begnügen, die Faktoren, welche eine derartige Entstehungsweise bedingen, kennen zn lernen. Denn da ja die Wirkungen, welche sie ausüben, individuell verschieden sein müssen, lassen sich nur in allgemeinen Zügen Richtungen angeben, in welchen ihre Wirkungen sich bewegen werden, wie es sich bei Besprechung des Einflusses der Vorzeichen oben auch gezeigt hat. Und da haben wir aufser den Vorzeichen noch einen Faktor, welcher die Vorstellung vom Wesen der Tonarten bei allen dafür empfänglichen Individuen in einer bestimmten Richtung beeinflussen wird.

5. Ich meine den Namen der Tonarten. Individuen, welche wesentlich akustisch ihre Vorstellungen zu perzipieren pflegen, wird sich zuerst der Name einer Tonart einprägen, während die Art und Anzahl der Vorzeichen für hauptsächlich visuelle Gedächtnisse das wichtigste Charakteristikum der Tonarten bilden werden. Während aber die durch Vorzeichen

bedingten Charakter-Vorstellungen in der ganzen musikalischen Welt gewisse Ähnlichkeiten bei den verschiedenen Individuen zeigen können, müssten die durch die Namen hervorgerufenen Einflüsse in den einzelnen Sprachzonen völlig different sein, ja schon fast mit dem Dialekt variieren. Schon aus diesem Grunde kann den Namen nicht dieselbe Bedeutung zukommen wie den Vorzeichen. Bei genauerer Prüfung aber sieht man, dass die Wirkung dieses Faktors eine geradezu verschwindend geringfügige ist. Falls er einen merkbaren Einfluss besäße, so ergäbe sich theoretisch die Folgerung, dass die hinsichtlich der Namensbezeichnung parallelen Dur- und Moll-Tonarten in gleicher oder wenigstens ähnlicher Weise das Empfinden beeinflussten. Dass diese unter den gemachten Voraussetzungen notwendige Folgerung nicht erfüllt ist, erkennt man jedoch schon nach wenigen Stichproben. Greifen wir einige der akustisch wirksamsten Namen heraus, bei denen zuerst eine Wirkung im angedeuteten Sinne zu erwarten wäre, und vergleichen damit die Schubartschen Definitionen der Tonarten-Charaktere, welche die berühmtesten in ihrer Art sind! Da werden wir für das zischende F und Fis erwarten dürfen, dass man die damit bezeichneten Tonarten entsprechend dem Klangcharakter durchweg als Grimm, Wut und Verzweiflung ausdrückend bezeichnen wird. Wie aber lauten die Schubartschen Definitionen? Für F-dur: es »malt Gefälligkeit und Ruhe«; für F-moll: es stellt »tiefe Schwermut, Leichenklage, Jammergeächz und grabverlangende Sehnsucht« dar; für Fis-dur: sie ist »geeignet, wilde und starke Leidenschaft darzustellen, Triumph in der Schwierigkeit, freies Aufatmen auf überstiegenen Hügeln, Nachklang einer Seele, die stark gerungen und endlich gesiegt hat, liegt in allen Wendungen dieser Tonart«; für Fis-moll: »es ist der Charakter dieser Tonart ein insbesonders finsterer: er zerrt an der Leidenschaft, wie der bissige Hund am Gewande. Groll und Missvergnügen sind seine Sprache. Es scheint ihm ordentlich in seiner Lage nicht wohl zu sein: daher schmachtet er immer nach der

Ruhe von A-dur, oder nach der triumphierenden Seligkeit von D-dur hin.«

Entsprechend werden wir für die mit den trompetenklangartigen Buchstaben A und H bezeichneten Tonarten einen hellen, strahlenden Charakter voraussetzen müssen, etwa gleich der oben citierten Definition von D-dur. Doch wenig davon ist aus den Schubartschen Definitionen herauszufinden. A-dur dient ihm zum Ausdruck »der unschuldigen Liebe, der Zufriedenheit, der Hoffnung, des Wiedersehens beim Scheiden der Geliebten, der jugendlichen Heiterkeit und des Gottvertrauens«, A-moll dagegen stelle »fromme Weiblichkeit und Weichheit des Charakters« dar; H-dur wiederum soll »stark gefärbt« sein, »wilde Leidenschaften ankündigend, aus den grellsten Farben zusammengesetzt; Zorn, Wut, Eifersucht, Raserei, Verzweiflung und jede Last des Herzens liegt in seinem Gebiete«, H-moll endlich ist der »Ton der Geduld, der stillen Erwartung seines Schicksals, und der Ergebung in die göttliche Fügung.«

Man sieht also, dass die Angaben über parallelstehende Tonarten nicht nur nicht ähnlich, sondern zuweilen diametral entgegengesetzt sind. Aus diesen wenigen Proben ergiebt sich zur Evidenz, wie gering die Bedeutung ist, welche den Namen der Tonarten für die Vorstellung von ihren Charakteren zukommt. Völlig verschwindet allerdings der Einfluss nicht, doch spielt er nur für vereinzelte Individuen und für vereinzelte Tonarten eine Rolle. Für mich selbst, der ich ein stark ausgeprägtes visuelles und (aufser für Melodieen und Harmonieen) nur ein sehr sekundäres akustisches Perzeptionsvermögen besitze, der ich beim Gedanken an eine Tonart nur an ihre Vorzeichen bezw. an die bezüglichen Tasten auf dem Klavier denke, ist dennoch früher die Vorstellung der Tonart B-dur (nicht aber B-moll) von dem weichen Klange des Buchstaben B beeinflusst worden, sodass sie mir zeitweilig die sanfteste Tonart zu sein schien. Doch, wie gesagt, nur die Vorstellung ist beeinflusst worden, der gehörte B-dur-Dreiklang enthält jenes Charakteristikum nicht. Damit ist für mich persönlich gleichzeitig der Beweis geliefert, dass selbst im Falle eines Vorurteils einer Tonart gegenüber eine durchaus objektive Beurteilung des Klang-Charakters möglich ist und auch Beobachtungen bei anderen Personen haben mir die Überzeugung verschafft, dass es sehr wohl möglich ist zu unterscheiden, ob man es in einem einzelnen Falle mit einem vorgestellten oder einem objektiven Klang-Charakter zu thun hat.

Mit diesen Ausführungen können wir die Betrachtungen über die in der Vorstellung gebildeten Tonarten-Charaktere, d. h. über die subjektive Tonarten-Charakteristik schliefsen und uns nunmehr dem weit fruchtbareren Thema der objektiven Tonarten-Charakteristik, der Klang-Charaktere zuwenden, d. h. der Charakter-Eigentümlichkeiten, welche aus der jeweilig gespielten Tonart herausgehört werden. In welcher Art und Weise können wir nun aber hier zu Resultaten kommen? Da wir sogleich sehen werden, dass die Theorie uns vollkommen im Stiche lassen wird, so werden wir nach wie vor mit subjektiven Empfindungen zu operieren haben, welche jedoch auch einen hohen Wert erhalten, wenn sie bei einer gröfseren Menge musikalischer Individuen gleichartig auftreten. Freilich würde eine objektiv-experimentelle oder theoretische Methode der Untersuchung weit überzeugendere Ergebnisse liefern können, als eine subjektiv-experimentelle und statistische, die wir jetzt einzuschlagen gezwungen sind; andererseits aber gewährt es doch ein gewisses Sicherheitsbewusstsein, wenn wir uns auf die Erfahrung zu stützen vermögen. Im Einzelfall kann zwar die Forschung über unser Thema nur mit Gefühlen und Empfindungen operieren, aber eine gröfsere Reihe übereinstimmender Urteile und Angaben kommen einer festgestellten Erfahrungsthatsache an Bedeutung und Wert fast vollkommen gleich. Wenn dann auch die Theorie im Stiche lässt und keinerlei Anhalte- und Unterstützungspunkte bietet, so ist man dennoch berechtigt, auch ohne ihre Hilfe weiter zu arbeiten und auf dem schwanken Boden der Hypothese fortzubauen, um einen Schritt zur Erkenntnis vorwärts zu thun.

Unsere theoretischen Kenntnisse von den psycho-physiologischen Wirkungen der Musik im allgemeinen.

Schon in den vorhergehenden Abschnitten ist hervorgehoben worden, dass ein Klangcharakter, eine objektive Tonarten-Charakteristik nur erklärt werden kann durch physiologisch-anatomische Eigentümlichkeiten, welche sich dann natürlich — von wenigen Einzelfällen vielleicht abgesehen — bei allen Individuen in ähnlicher Form und Wirksamkeit wiederfinden müssen. Schon in Vischers »Ästhetik« ist, fast 20 Jahre vor Helmholtz, auf die mögliche Existenz derartiger Eigentümlichkeiten hingewiesen worden; im dritten Band dieses Werkes heißt es nämlich auf Seite 879: »Wir können auch die weitere Vermutung nicht unterdrücken, ob nicht überhaupt C von Natur schon in einem freilich nicht näher zu erforschenden spezifischen Verhältnis zu unserer Gehörorganisation stehe, indem etwa der Faktor seiner Schwingungsgeschwindigkeit dieselbe in besonderer Weise ansprüche, so dass die Erwählung von C als Grundton nicht so zufällig wäre, als es den Anschein hat.«

Was Vischer hier als rein problematische Möglichkeit hinstellt, hat, wie erwähnt, Helmholtz später als Faktum nachgewiesen, indem er fand, dass das g'''' der Eigenton des menschlichen Ohres ist, wodurch alle Klänge, welche das g'''' als Oberton enthalten, etwas an Schärfe gewinnen sollen. Doch wurde oben auch schon nachgewiesen, dass diese Thatsache keiner Tonart eine merklich von anderen abstechende Charakteristik zu erteilen im stande ist. Die Helmholtzsche Entdeckung hat die Vischersche Vermutung, dass »die Erwählung von C als Grundton nicht so zufällig wäre, als es den Anschein hat«, keineswegs unterstützt, da eben g'''' in gar zu vielen anderen Tönen außer im C als Oberton enthalten ist.

Nachdem nun aber der Eigenton des menschlichen Ohres keine Handhabe zur Erklärung charakteristischer Unterschiede

der Tonarten geboten hat, werden wir uns vergeblich nach
weiteren physiologisch-anatomischen Eigenschaften des Menschen umsehen, welche für unsere Zwecke brauchbar sind. Es
wäre aber sehr voreilig, daraus ohne weiteres den Schluss zu
ziehen, dass eine objektive Tonarten-Charakteristik ein Ding
der Unmöglichkeit ist. Wenn wir keine physiologischen Eigenheiten unserer Gehörorgane kennen, die zur Erklärung herangezogen werden könnten, so folgt daraus noch nicht, dass sie
nicht existieren. Und dass unsere theoretischen Kenntnisse von
der machtvollen psychologischen Wirkung der Musik noch
überaus mangelhaft, ja geradezu gleich Null sind, das soll in
den nächsten Abschnitten zunächst einmal nachgewiesen werden. Wenn dieser Nachweis gelingt, so wird niemand uns
mehr das Recht abstreiten können, dass wir auch ohne die
geringste theoretische Stütze unserer Frage näher treten dürfen.

Betrachten wir nur die sinnfälligsten Charakterwirkungen
der Musik, den Unterschied zwischen Moll und Dur! Woher
rührt er?

Nicht wenige behaupten, der Charakterausdruck, den man
den beiden Tongeschlechtern allenthalben beilegt, sei lediglich
·ein konventioneller, den wir aber durch fortdauernde Gewöh-
nung daran objektiv zu empfinden meinen. Diese Ansicht wird
z. B. auch von Billroth in seinem trefflichen, nachgelassenen
Werke: »Wer ist musikalisch?« vertreten, freilich mehr an-
gedeutet, als verfochten. Als Beweis für das Konventionelle
unseres Empfindens dem Moll und Dur gegenüber citiert er
einen in Dur geschriebenen und dennoch sehr wirkungsvollen
Trauermarsch, während man sich doch im allgemeinen unter
einem solchen ein in Moll stehendes Musikstück vorstelle. Ist
aber die Thatsache, dass ein Trauermarsch in Dur steht — er
findet sich im »Saul« von Händel und geht aus C-dur — be-
weisend für die Ansicht Billroths? Ganz abgesehen davon,
dass das allgemeine musikalische Gefühl, das vorurteilslose
logische Gefühl gegen seine Behauptungen protestieren muss,
lassen sich auch Beweisgründe dagegen ins Feld führen. Man
müsste zunächst doch einmal angeben oder wenigstens anzu-

deuten im stande sein, wie so lebhafte konventionelle Empfindungen entstehen sollen; denn ein Grund für einen solchen
Prozess ist durchaus nicht einzusehen. Und wie lebhaft diese
Empfindungen sind, beweist die einfache Thatsache, dass die
englische Familiärsprache minor identisch mit sorrowfull =
traurig gebraucht. Wenn Händel den genannten Trauermarsch
in Dur schrieb, so beweist dies nichts, denn die Empfindungen
während eines Trauermarsches können sehr verschiedener Natur
sein. Der herbe, verzweiflungsvolle Schmerz lässt sich allerdings nur in Moll schildern, der abgeklärte, wehmütige dagegen sehr wohl in Dur. Als Beweis dafür sei Schumanns
schmerzenreiches, wunderbar ausdrucksvolles Lied: »Ich grolle
nicht« angeführt, welches in C-dur geschrieben ist, wenngleich
durch die seltsame, geradezu einzig dastehende Harmonisierung
der Grundcharakter des Dur vielfach verschwindet. Umgekehrt
ist es einem so genialen Komponisten, wie Schumann es
war, auch gelungen, das beseligendste Glück, an welches aber
die empfindende Person aus übergrofser Bescheidenheit nicht
recht zu glauben wagt, in Moll zu schildern; das Lied: »Ich
kann's nicht fassen, nicht glauben, es hat ein Traum mich be-
rückt« ist in C-moll geschrieben und erlangt erst durch das
Moll seinen tiefempfundenen Ausdruck rührender Bescheidenheit.
Ein Trauermarsch in Dur ist daher von vornherein durchaus
nicht als unmöglich zu betrachten, wenngleich z. B. der berühmte
Des-dur-Satz im Chopinschen Trauermarsch (in B-moll) für
mein Empfinden nicht in einen Trauermarsch zu passen scheint,
und vielleicht die bekannte Thatsache, dass man ihn so viel
und gern textlich parodiert, beweist, dass dies Empfinden ein
allgemeiner verbreitetes ist. Textworte, die dem Empfinden
des Künstlers weniger Spielraum lassen, geben nicht selten
geradezu eine Direktive, ob Moll oder Dur vom Komponisten
zu wählen ist. Einen Text wie etwa: »Die Himmel rühmen
des Ewigen Ehre« oder »Freude, schöner Götterfunken« in
Moll zu komponieren ist einfach eine musikalische Unmöglichkeit; umgekehrt würde es nicht minder abgeschmackt und
lächerlich wirken, wenn etwa der erste Chor in Bachs

»Matthäuspassion«: »Kommt, ihr Töchter, helft mir klagen« in Dur stände. Der erwähnte Trauermarsch im »Saul« geht übrigens bezeichnenderweise nach einer Coda in C-moll ebenfalls in einen Chorsatz (»Klag', Israel, deiner Helden Fall«) in C-moll über. Diese Textworte allerdings müssen unbedingt in Moll stehen; wenn sie in Dur komponiert wären, so ließe sich eher darüber streiten, ob der angebliche Charakterausdruck des Dur und Moll aus konventionellen Empfindungen entspringt oder nicht.

Der Hauptbeweis aber, welcher entschieden gegen die von Billroth vertretene Ansicht spricht, dürfte darin zu suchen sein, dass zahllose Individuen lediglich am Charakterausdruck, nicht am Intervallgefühl und am allerwenigsten am »unbewussten Intervallgefühl« erkennen, ob ein gehörter Dreiklang dem Dur- oder Moll-Geschlecht angehört. Wo ist dabei Platz für konventionelle Empfindungen? Wir werden also doch wohl genötigt sein, diese als Erklärung fallen zu lassen und auf psychische bezw. physische Eigentümlichkeiten zurückzugreifen.

Helmholtz glaubte auch ohne Zuhilfenahme der konventionellen Empfindungen den Charakterunterschied von Dur und Moll lösen zu können.*) Er will bekanntlich den Charakterunterschied der beiden Tongeschlechter durch Differenztöne erklären. Die Differenztöne des Durklanges, dessen Töne die Schwingungszahlen $4:5:6:8$ aufweisen, fallen durchweg in die Harmonie: Der Klang $c' - e' - g' - c''$ z. B. giebt als Differenztöne erster Ordnung C, c, g und c', und auch die eventuell aus den ersten Obertönen entstehenden schwachen Differenztöne sind durchwegs harmonisch mit dem Dreiklang. Anders dagegen liegen die Verhältnisse beim Moll-Akkord: der Klang $c' - es' - g' - c''$ enthält als Differenztöne erster

---

*) Dieser Teil der Arbeit wurde mit geringen Änderungen unter dem Titel: »Die Helmholtzsche Erklärung des Moll-Charakters und Versuch einer Widerlegung derselben« von mir schon gesondert veröffentlicht in der »Naturwissenschaftlichen Wochenschrift« (Red. Dr. H. Potonié) vom 17. Mai 1896.

Ordnung As_1, Es, c und c', welche also einen verschobenen
As-dur-Dreiklang bilden. Nimmt man gar noch die Differenztöne zweiter Ordnung hinzu, so enthält der Klang aufserdem
noch eine Reihe von Tönen, welche aus der Harmonie fallen.
Nun sagt Helmholtz (»Lehre von den Tonempfindungen«,
S. 355): »Es sind diese Störungen im Wohlklang der Moll-
Dreiklänge durch die Kombinationstöne zweiter Ordnung allerdings zu schwach, um den genannten Akkorden den Charakter
von Dissonanzen zu erteilen, aber sie bringen doch eine merk-
liche Vermehrung der Rauhigkeit im Vergleich mit Dur-
Akkorden auf reinen, d. h. nach natürlichen Schwingungszahlen gestimmten Instrumenten« Aber sind auch nach
Helmholtz' Ansicht die Kombinationstöne zweiter Ordnung
zu schwach, um in Betracht gezogen werden zu können, diejenigen erster Ordnung, welche ja das unharmonische As_1
erzeugen, scheinen ihm vollkommen auszureichen: »Praktisch scheint der Einfluss der stärkeren tiefen Kombinationstöne
viel wichtiger, welche zwar nicht die Rauhigkeit des Zu-
sammenklanges vermehren, aber zu dem Akkorde fremde Töne
hinzufügen, die bei den C-moll-Akkorden dem As-dur- und
Es-dur-Dreiklang angehören. Dadurch kommt in die Moll-
Akkorde etwas Fremdartiges hinein, was nicht deutlich genug
ist, um die Akkorde ganz zu zerstören, was aber doch genügt,
dem Wohlklang und der musikalischen Bedeutung dieser
Akkorde etwas Verschleiertes und Unklares zu geben, dessen
eigentlichen Grund sich der Hörer nicht zu entziffern weifs,
weil die schwachen Kombinationstöne, welche die Ursache
davon sind, von stärkeren anderen Tönen überdeckt werden
und nur einem geübten Ohr auffallen. Daher sind die Moll-
Klänge so geeignet, unklare, trübe oder rauhe Stimmungen
auszudrücken.«

Es ist auffallend, wie die psychologischen Folgerungen,
zu denen Helmholtz gelangt, auf das genaueste überein-
stimmen mit der vorzüglichen ästhetischen Analyse des Charakters der Tongeschlechter, wie sie Vischer fünf Jahre vor
dem Erscheinen des Helmholtzschen Werkes in seiner

»Ästhetik« gegeben hat (Bd. III, 2, S. 870—872): »Dur und Moll sind daher völlig verschiedene Tongeschlechter, so verschieden wie Licht und Dämmerung, frohe Kraft und gedrückte Weichheit oder Wehmut . . . . Moll ist nicht gerade blofs das Traurige, Weiche, sondern überhaupt das ‚Verhüllte‘ der Stimmung, das Versenktsein des Subjekts in eine Stimmung . . . . Es belastet die Seele mit einem Druck, den sie hinweggewünscht wie einen dunklen Flor, der das Auge an freiem Aufschauen hindert, es lässt unwillkürlich Lösung, Befreiung erwarten . . . . Und darum ist Dur doch das Normal-Tongeschlecht, Moll nur Ausnahme, nur ein Gegenbild zu Dur, das in der Regel nicht vorwiegend sein kann und selbst die religiöse Musik nicht einseitig beherrschen darf«*).

Wenn nun auch die sehr eingehende und ausführliche Vischersche Definition in einigen Punkten etwas sehr weit geht, indem sie Moll als »Ausnahme«, als blofses »Gegenbild zu Dur« hinstellt, so werden doch Viele im allgemeinen die

---

*) Vischer ist es meines Wissens auch, der zuerst einen ganz vortrefflichen Unterschied zwischen Dur und Moll statuierte, indem er behauptete, für alle rein objektiven Schilderungen eigne sich Dur allein, während Moll unter allen Umständen subjektive Empfindungen widerspiegeln müsse.

Wie zutreffend diese Beobachtung ist, das wurde mir dereinst in greifbarer Deutlichkeit vor Augen geführt: Es war am 26. Mai 1896, an einem Frühlingsmorgen von zauberhafter Schönheit. Da stand ich zur Zeit des Sonnenaufgangs ganz einsam auf dem letzten Felsenriff Arkonas und blickte hinab in das grenzenlose, sonnendurchglutete Meer tief zu meinen Füfsen. Es war ein Anblick, wie ich ihn erhabener nie gesehen. Und ich fragte mich, wie ich dieses überwältigende Naturschauspiel in Tönen wiedergeben würde, und ich antwortete mir: in langgehaltenen, vollen C-dur-Akkorden. Und ich fragte mich wieder, wie ich meine Empfindungen schildern würde, das geheimnisvolle Schaudern vor der unendlichen Gröfse und Herrlichkeit der Natur, welches mich in jenem Moment mit nie geahnter Gewalt überkam, und ich sagte mir: nur in C-moll. — Nachträglich erst bemerkte ich, wie ich wieder für den objektiven Eindruck Dur, für das subjektive Empfinden Moll als zwingende Notwendigkeit empfunden hatte.

3*

citierten ästhetischen Definitionen als richtig und völlig bezeichnend anerkennen. Die Art dieser Definitionen ist nun
eine sehr starke Stütze für die Helmholtzsche Theorie,
welche erst später auf ganz anderem Wege fast wörtlich zu
denselben Resultaten gelangte, während die Billrothsche Erklärung durch die Vischersche Analyse — vorausgesetzt,
dass man diese als zutreffend anerkennt — völlig über den
Haufen geworfen wird. Und trotzdem man Vischers Auslassungen im allgemeinen unterschreiben kann, ist die theoretische Ableitung dieser Resultate durch Helmholtz angreif-
bar, wie wir sogleich sehen werden.

Auf den ersten Blick scheint zwar die geistreiche Theorie
unseres grossen Landsmannes sehr plausibel. Bei genauerer
Betrachtung aber wird man gegen sie, wie so manche andere
der von Helmholtz aufgestellten psycho-physiologischen
Theorien bei aller Verehrung für den Genius, der sie erdachte,
gar manche gewichtige Bedenken nicht unterdrücken können.

Zunächst muss man doch einmal bedenken, dass uns heutzutage eine vollkommen reine Stimmung fast überhaupt nicht
mehr geboten wird, dass also unsere Dur-Dreiklänge keineswegs das einfache Verhältnis $4:5:6:8$ aufweisen. Consequen-
terweise wäre demnach zu erwarten, dass die harmoniefremden
Differenztöne der temperierten Dur-Dreiklänge ebenfalls in den
Akkord »etwas Fremdartiges« hineinbringen und dem Wohlklang »etwas Verschleiertes und Unklares«, mit einem Wort
also: Mollcharakter geben, was aber bekanntlich keineswegs der Fall ist.

Wie viele Individuen giebt es ferner, die selbst unter den
günstigsten Verhältnissen und bei gespanntester Aufmerksamkeit kaum einen Differenzton wahrzunehmen imstande sind,
wohl aber den Unterschied im Klangcharakter der beiden
Tongeschlechter herausfühlen (selbstverständlich dürfen nirgends Intervall-Urteile mafsgebend für die Erkennung sein)!
Sollen für solche Individuen die Differenztöne nur im Unterbewusstsein vorhanden und wirksam sein können? Soll hier
die Thatsache, dass alle im Unterbewusstsein vorhan-

denen Eindrücke, sobald man die Aufmerksamkeit
darauf richtet, ins Oberbewusstsein treten und treten
müssen, eine Ausnahme erfahren, da es jenen nicht möglich
sein soll, die den Eindruck beeinflussenden und im Unterbewusstsein vorhandenen Differenztöne deutlich zu perzipieren?
Wir können doch lediglich mit zwei Möglichkeiten rechnen:
entweder beeinflusst der Differenzton den Moll-Dreiklang garnicht, dann bleibt dieser konsonant und die Ursache des »Verschleierten, Unklaren« fällt fort, oder aber der ins Unterbewusstsein tretende Eindruck genügt, um Konsonanz und
Charakter zu beeinflussen, dann kann keine Logik der Welt
die Thatsache umgehen, dass er durch Aufmerksamkeit auch
im Oberbewusstsein percipiert werden müsste, wodurch man
ein unkonsonantes Etwas erhielte. Man gebe einem halbwegs musikalischen Menschen den Klang $c' - es' - g' - c''$
und dazu den Ton As_1 an, so wird für ihn der spezifische
Charakter des Moll-Dreiklangs verschwinden, selbst wenn er
sich gar keine Rechenschaft über die Klangkombination sollte
geben können, und es wird sich das Gefühl einer höchst unangenehmen, befremdenden Dissonanz einstellen, welches mit
dem angenehmen Eindruck des C-moll-Dreiklangs garnicht ver-
glichen werden kann. Die geringste Beeinflussung der Konsonanz, wie sie ja doch Helmholtz annimmt, muss den
Klang zur unvollkommenen Dissonanz stempeln, welche, etwa
analog dem Septimenakkord, nach Auflösung verlangt.

Und was für weitere Konsequenzen würden aus der
Helmholtzschen Behauptung erwachsen! Obertöne pflegen
bekanntlich stärker hervorzutreten und leichter perzipiert zu
werden, als Differenztöne. Ja, wenn alle diese Obertöne Einfluss hätten auf die Konsonanz des Klanges, zu was für Folgen
würde das denn führen? Nehmen wir die reinsten Töne, die
wir kennen, Stimmgabeltöne mit meinetwegen nur zwei Obertönen, und geben den Dreiklang $c' - e' - g'$ an. Was für
Töne erklingen dann? $c' - e' - g' - c'' - e'' - g'' - h'' - d'''$
Und das soll eine Konsonanz sein? jene wunderbare, sinnen-
bethörende Harmonie, welche ein Dreiklang von reingestimmten

Stimmgabeln zu haben scheint? Warum machen hier nicht die Töne h" und d'" den Klang »verschleiert«, »unklar« und »rauh«, weit mehr, als es jenes meist sehr schwache As₁ im Klange c' — es' — g' vermag?

Und nun nehmen wir Töne mit weit mehr Obertönen, wie sie in der Musik ausschliefslich gebräuchlich sind. Bedenken wir dabei, wie ein einziges, kurzes, in eine volle C-dur-Harmonie hineinklingendes, hörbares b sofort mit zwingender Gewalt eine Auflösung des Klanges nach F-dur verlangt! Und nun erwäge man, dass ein einziges c, gleichviel in welcher Oktave und auf welchem Instrument es erklingt, unweigerlich ein solches b als Oberton enthält, und frage sich, wie es möglich ist, dass eine volle C-dur-Harmonie selbst mit vielfach verstärktem c in den tiefen Oktaven als Konsonanz wirkt und nicht etwa als Septimenakkord, welchen man aufzulösen gezwungen ist! Nehmen wir die allerschärfsten, obertonreichsten Töne, die wir kennen, ein durch sie erzeugter Dreiklang kann unter Umständen schrill und unangenehm wirken, nie aber wird er nach Auflösung verlangen, er kann die Harmonie verschwinden lassen, nie die Vollkommenheit der Konsonanz, wie es der schönste, obertonärmste Septimenakkord zweifelsohne sofort thut.

Wenn aber selbst die stärksten Obertöne nur die Harmonie eines Klanges zu beeinflussen vermögen, nie aber die Konsonanz, so werden sicherlich die meist weit schwächeren Differenztöne erst recht nicht dazu im stande sein.

Und noch eine weitere Konsequenz müsste sich aus der Helmholtzschen Lehre ergeben: der unharmonische Differenzton, welcher den Charakter des Moll bedingt, lässt sich eliminieren, z. B. durch den Kundtschen Interferenzapparat. Glaubt man, dass alsdann ein Mollklang seinen spezifischen Ausdruck verliert und den klaren, unverschleierten Charakter des Dur annimmt? Doch wir brauchen einen solchen Versuch garnicht erst zu machen, sondern können schon durch die Wahl der Töne, die wir zum Moll-Dreiklang zusammensetzen, jeden Einfluss des tiefen, unharmonischen Differenztons beseitigen.

Der tiefste Ton, welcher wahrnehmbar ist, ist G_2, der auch schon viel leiser ist als As_2 und A_2; alle tieferen Töne entziehen sich der Wahrnehmung durchs Gehör. Wir brauchen nun blofs den Differenzton in diese tiefe Region fallen zu lassen, und der Moll-Dreiklang müsste seinen Charakterausdruck verlieren: der Klang c — es — g müsste noch diesen Ausdruck besitzen, da sein tiefer Differenzton As_2 ist, der Klang H — d — fis schon weiter weniger, da G_2 nur schwach hörbar ist, und der Klang B — des — f müsste schon ein Moll-Dreiklang sein, dem jener Charakterausdruck abgeht, da der Differenzton Ges_2 auch nicht einmal im Unterbewusstsein wahrnehmbar ist, ebenso alle Moll-Dreiklänge der tieferen Regionen.

Nun aber gebe man sich den Klang B — des — f an. Er wird nicht so angenehm wirken, wie die Klänge der Mittellage, er wird dick und massig sein, wie alle Akkorde (auch Dur-Akkorde) der grofsen und kleinen Oktave. Von einem Verschwinden des »Verschleierten« im Charakter ist keine Rede, geschweige denn von einer vollkommeneren Konsonanz, wie sie nach der Helmholtzschen Theorie zu erwarten wäre.

Damit dürfte aber zur Genüge nachgewiesen sein, dass auch Helmholtz' Erklärung des Moll-Charakters unmöglich ganz zutreffend sein kann, zumal auch ihre psychologische Seite gar zu viel des Willkürlichen bietet.

Wir sind mit diesen Ausführungen zwar von unserem eigentlichen Thema abgewichen, doch nur insofern, als wir vom Charakter der einzelnen Tonarten übergegangen sind auf den weit sinnfälligeren Charakterunterschied der beiden Tongeschlechter. Wir erhalten aber auf diese Weise einen ausgezeichneten Überblick über unsere Kenntnisse von den psychologischen Wirkungen der Musik im allgemeinen. Daher dürfte es vorteilhaft sein, bei diesem Thema noch zu verharren, da wir alsdann ohne jedes Vorurteil, das man dieser Frage gar zu leicht in der einen oder anderen Weise entgegenbringt, zu unseren eigentlichen Betrachtungen zurückkehren können.

Nachdem sowohl die Helmholtzsche wie die Billrothsche Erklärung des Moll-Charakters versagt haben, werden wir uns vergeblich nach einer weiteren Erklärung für das grosse Rätsel des Moll umsehen. Wir wissen nur, dass der reine Moll-Dreiklang wegen des Schwingungszahlen-Verhältnisses seiner Töne 10 : 12 : 15 keine so vollkommene Konsonanz ist wie der reine Dur-Dreiklang, welchem das einfachere Zahlenverhältnis 4:5:6 zukommt. In unserer heutigen Zeit empfindet man den geringeren Grad der Konsonanz nur wenig, ein Moll-Dreiklang am Schluss eines Musikstückes hinterlässt durchaus ein Gefühl der Befriedigung. Früher muss man empfindlicher gewesen sein, denn bis ins 18. Jahrhundert hinein enden alle Tonwerke, mögen sie nun in Dur oder Moll oder in einer der alten »Kirchentonarten« stehen, ausnahmslos mit einem Dur-Akkord. Erst seit Joh. Seb. Bachs Zeiten wird diese Regel aufser Acht gelassen. Selbst Bach jedoch entschied sich noch zuweilen selbst da, wo der Ausdruck des Tonstücks entschieden einen Moll-Schluss verlangte, wo also gewissermafsen ein Wettstreit zwischen Ausdruck und Harmonie eintrat, zu gunsten der letzteren: der riesengewaltige, grofsartige E-moll-Chor in der Matthäuspassion: »Sind Blitze, sind Donner in Wolken verschwunden?«, dem an Wucht des Ausdrucks wenig in der musikalischen Litteratur gleichzustellen ist, endet der Harmonie zuliebe mit dem E-dur-Akkord, wodurch ein Fortwirken der erzielten Gemütserregung über den Chorsatz hinaus vereitelt wird. Auch Händel und selbst Mozart noch schliefsen mit Vorliebe in Dur, erst seit Beethoven ist auch hier der Ausdruck einzig mafsgebend geworden.

Sicherlich also ist der Moll-Dreiklang nicht eine ebenso vollkommene Konsonanz wie der Dur-Dreiklang. Aber für seinen eigenartigen Charakterausdruck ergiebt sich daraus gar nichts. Dieser bleibt nach wie vor ein ungelöstes Rätsel.

Ja, um so recht die gänzliche Impotenz aller psycho-physiologischen Musiktheorieen darzuthun, können wir noch einen Schritt weitergehen. Es ist schon oft darauf hingewiesen worden, dass keineswegs die konsonantesten Klänge immer die angenehmsten sind, dass leere Quinten weit öfter einen unangenehmen als einen angenehmen Eindruck hinterlassen, wir finden aber auch, dass Dissonanzen, wenn sie gut vorbereitet sind, zuweilen weit angenehmer in Ohr und Sinn fallen, als ihre nachherige Auflösung. Wieder eine Thatsache, die mit der Theorie in direktem Widerspruch steht! Auch dabei zeigt sich, dass Harmoniegefühl und Konsonanzgefühl scharf zu trennen sind. Ersteres, das man auch als ästhetisches Gefühl bezeichnen könnte, wird befriedigt, letzteres nicht, wie umgekehrt durch leere Quinten und Oktaven dem Konsonanzgefühl genüge gethan werden kann, während das Harmoniegefühl dagegen protestiert. Konsonanz ist objektiv und eindeutig, Harmonie subjektiv und individuell variirend.

Nehmen wir ein paar Beispiele, um zu zeigen, wie der ästhetische Genufs beim Anhören von mehr oder weniger scharfen Dissonanzen zuweilen weit gröfser ist als beim Erklingen der besten und vollständigsten Harmonieen und Auflösungen.

Um mit einer unvollkommenen Dissonanz zu beginnen, nehmen wir den Septimenakkord: in dem berühmten Andante der Beethovenschen C-moll-Sonate op. 13 (pathétique) ist meines Erachtens der angenehmste Akkord des ganzen Tonstückes der modifizierte Septimenakkord (F, es, a), welcher sich im dritten Taktteil des sechsten Taktes und weiterhin noch zweimal in gleichem Zusammenhang findet (siehe Notenbeispiel 1). Nicht die Erwartung der zukünftigen Auflösung

Notenbeispiel 1.

ist es, die diese Dissonanz zu einer so überaus wohlthuenden macht, sondern der Klang selbst, denn der ästhetische Genufs, den man bei der Auflösung empfindet, müsste sonst denjenigen, welcher sich bei Erwartung der Auflösung einstellt, übertreffen, und gerade das Gegenteil ist der Fall.

Dieselbe Erscheinung zeigt sich aber auch bei verschärften Dissonanzen: in »Wotans Abschied« ertönt bei den Worten »aus wild webendem Bangen« zur Silbe Ban ein verschobener Septimenakkord von H-moll, während die Gesangstimme auf dem Vorhaltetone g liegt, doch ist diese Harmoniesierung an Klangschönheit wie an Ausdrucksfähigkeit gleich wundervoll und bethört den Sinn weit mehr als die nachfolgende Auflösung. Ebenso wohlthuend wirkt einige Dutzend Takte später die langausgehaltene, echt wagnerische Dissonanz b — es' — a' — es" — fis" im Verlaufe der absteigenden, seltsam ergreifenden Akkordfolgen, welche erklingen, während Wotan die Walküre in Schlaf küsst (siehe Notenbeispiel 2).

Notenbeispiel 2.

Zwei Dissonanzen von hinreißender Schönheit seien noch angeführt, die sich in zweien unserer berühmtesten Lieder finden. Das erste Beispiel, welches in langsamem Tempo einen ganzen Takt hindurch die arpeggierte scharfe Dissonanz d — b — e — g bringt, finden wir in R u b i n s t e i n s herrlichem Liede: »Es blinkt der Tau in den Gräsern der Nacht« im vierten Takte (siehe Notenbeispiel 3). Die zweite noch genialere Verwertung mehrerer langgehaltener Dissonanzen, welche zwar fast die denkbar schärfsten Dissonanzen darstellen, aber so berauschend wirken, dass man sich kaum von ihnen trennen kann, um zur nächsten nicht minder

Notenbeispiel 3.

prächtigen Dissonanz zu gelangen, bietet uns Schumann, der die Dissonanzen beherrschte wie kein anderer, in seiner vielleicht genialsten Tonschöpfung, dem schon erwähnten Lied: »Ich kann's nicht fassen, nicht glauben«, gegen den Schluss (siehe Notenbeispiel 4). Den Höhepunkt bietet

Notenbeispiel 4.

die Dissonanz beim Worte »Traum«; sie soll nicht einen schneidenden Schmerz, sondern das beseligendste Glück fühlbar machen und doch ist auf diese ungeheuerliche Dissonanz g — d' — f' — as' — h' — es'' vom Komponisten eine Fermate gesetzt worden. Diese eine einzige Fermate vermag alle bisherigen musikalisch - psychologischen Theorieen über den Haufen zu werfen.

Es ist überhaupt sehr bezeichnend für die Eigenartigkeit des Harmoniegefühls, dass man gerade solche Dissonanzen, wenn sie gut vorbereitet sind, beim Vortrag möglichst lange auszuhalten pflegt, statt dass man recht bald über sie hinweg zur Auflösung zu gelangen sucht, wie man logischerweise erwarten sollte. Besonders die Terz und Sext des Grundtons wird als Vorhalt zum Septimenakkord oft weit über Gebühr ausgehalten*), ein Zeichen, dass man sich von der Schönheit guter Dissonanzen nur ungern losreifst. So wird wohl bei dem Vortrag des Schubertschen Liedes: »Ave Maria« der im Notenbeispiel 5 wiedergegebene Takt gegen den Schluss

Notenbeispiel 5.

hin fast immer eine mehr oder weniger starke Tempodehnung erfahren. Andere Beispiele wird man leicht selber finden.

Endlich sei noch. ein gewissermafsen typisches Beispiel aus dem »Tannhäuser« zitiert: es ist schon sehr charakteristisch und beachtenswert, dass das »Venusberg-Bacchanale«, welches mehr wie irgend ein anderes Tonstück geradezu darauf spekuliert, die Sinne mit angenehmen Klängen zu bezaubern und wollüstig zu umstricken, ungemein

---

*) Am auffallendsten zeigt sich diese Thatsache am Schlusse von Arien und Cantilenen.

reich an scharfen Dissonanzen ist, und gerade der Höhepunkt der Sinnenlust, der bethörende Gesang der Sirenen,
bringt durch dritthalb volle Takte ausgehalten die fast bei-
spiellose Tonverbindung h — e' — g' — ais' — dis" (siehe Notenbeispiel 6). Ob ein so fascinierender Klang wohl mit Hilfe
der Theorie hätte gefunden werden können?

Notenbeispiel 6.

Besonders aus dem letzten Beispiel dürfte mit wün-
schenswertester Deutlichkeit hervorgehen, dass Harmonie-
genuſs und Konsonanz keineswegs parallel laufen. Wenn ein
Schlussakkord nur aus der vielfach verstärkten Tonika oder
aus Tonika und Dominante besteht, so erreicht die Konsonanz
ihre höchstmöglichste Vollendung, ein ästhetischer Genuss
ist ausgeschlossen, umgekehrt können dem harmonischen Ge ·
fühl durch Dissonanzen die stärksten Reizmittel geboten
werden, und die Freude an derartigen Tonkombinationen —
nicht an ihrer Auflösung — lässt nicht selten gerade an
diesen Stellen eine beträchtliche Tempodehnung eintreten.

Woher rühren diese Erscheinungen? Die Musiktheorie
und ihre Grundlagen, die Helmholtzschen Lehren, vermögen
keine befriedigende Antwort darauf zu erteilen. Ihre
Erklärungen mögen physikalisch, vielleicht selbst physiologisch
befriedigend sein, psychologisch sind sie es nicht. Das Ge-
heimnis der Macht der Töne über den menschlichen Geist zu
ergründen, hat die Forschung bisher nicht vermocht und ratlos
steht sie diesem Rätsel noch in jeder Beziehung gegenüber.

Mit welcher unerklärlichen, dämonischen Macht selbst einzelne Töne auf das menschliche Gemütsleben einzuwirken vermögen, das mag zum Schluss dieses Abschnittes noch ein eigenartiges Experiment von Féré beweisen. Dieser untersuchte Hysterische, bei denen ja die Feinheit und Exaktheit der Empfindung zuweilen zur höchsten Potenz gesteigert ist, vermittelst des Mossoschen Ergographen auf die Änderung ihrer Muskelkraft bei auf sie einwirkenden äußeren Reizen. Dabei zeigte sich nun einst, wie ganz nahe benachbarte Töne in geradezu frappierender Weise die Muskelkraft beeinflussten. Die folgende Tabelle giebt die überraschenden Resultate:

Einwirkender Ton	Maximum der Muskelkraft
c	26 kg
d	27 „
e	28 „
f	28 „
g	31 „
a	35 „
h	38 „
c'	45 „

Diese Tabelle spricht mehr als alle weiteren Worte, dass in den Tönen geheimnisvolle Kräfte auf den Menschen wirken, die dem forschenden Geist noch lange verschleiert bleiben dürften. Unsere vermeintlichen theoretischen Kenntnisse von den psychophysiologischen Wirkungen der Musik machen bei genauerer Betrachtung völlig Fiasco. Nichts wissen wir darüber, absolut nichts. Wir werden uns daher bei der Untersuchung unseres eigentlichen Themas ausschliefslich auf die Erfahrung und das Experiment stützen können, der Mangel einer physiologischen Erklärung, das Fehlen jeden theoretischen Anhaltepunktes lässt sich nicht als Gegenbeweis gegen eventuelle Resultate ins Feld führen.

Erkennbare physiologische Wirkungen der Musik.

Im allgemeinen können die physiologischen Erscheinungen schon bei geringfügigen Änderungen der musikalischen Reize nicht unerheblich differieren. Schon die Tabelle am Schluss des vorigen Abschnittes beweist dies in frappanter Weise für verschiedene Töne. Die Art und Weise der dort angestellten Versuche ist allerdings für die Statistik nicht brauchbar, zumal sie an einer extrem und abnorm veranlagten Person vorgenommen wurden. Eine Möglichkeit, den physiologischen Vorgängen in einer viel exakteren Weise nachzuspüren und die direkte physiologische Wirkung musikalischer Töne und — was für uns das Wichtigste ist — Tonarten zu erkennen, bieten die bei einzelnen Individuen auftretenden Doppelempfindungen, welche sich darin äußern, dass durch akustische Reize der Gesichtssinn mit in Thätigkeit versetzt wird.. Das Individuum hat mehr oder weniger deutlich Farbenvorstellungen bei musikalischen*) Eindrücken, welche in stets gleicher Weise auf den gleichen Reiz erfolgen. Leider ist das bisher gesammelte Material noch ungemein unvollkommen, so dass an eine statistische Verarbeitung desselben einstweilen gar nicht zu denken ist. Sicher ist aber, dass späterhin eine Untersuchung derartiger Erscheinungen, welche ich in einer früheren Arbeit (Zeitschrift für Psychologie und Physiologie der Sinnesorgane Bd. X., Heft 3 und 4: »Entstehung und Bedeutung der Synopsien«) als »physiologische Synopsien« bezeichnet habe, zu ebenso wertvollen wie überraschenden Resultaten führen würde.

Mit welch frappanter Feinheit und Bestimmtheit derartige Prozesse vor sich gehen können, das beweisen zwei von Flournoy bezw. Gruber mitgeteilte Fälle musikalischer Natur. Der erstere Forscher erzählt in seinem Werk: »Des phénomènes de synopsie« von einem Maler, welcher Violine

---

*) Selbstverständlich auch bei anderer akustischer Reizung. Doch sollen hier ausschliefslich die musikalischen Eindrücke berücksichtigt werden.

zu spielen pflegte, wenn er für seine Gemälde passende Farben
suchte, um sich durch die ihm vorschwebenden Photismen
inspirieren zu lassen. Noch eigenartiger ist die Mitteilung
Grubers, wonach ein Bariton im stande war, lediglich an
seinen Farbenempfindungen die allerfeinsten Nuancierungen
seiner Stimme zu erkennen.

Es sei mir gestattet, ehe ich auf analoge synoptische Erscheinungen bei verschiedenen Tonarten eingehe, hier einige
kurze Bemerkungen einzuschalten. Ich möchte glauben, dass
derartige physiologische Prozesse, wenn sie bei einem Individuum genügend fein ausgebildet sind, das sogenannte absolute Gehör vollkommen ersetzen können. Ja, ich möchte
die Vermutung aussprechen, dass das geradezu phänomenale
absolute Gehör Mozarts nur unter der Voraussetzung, er
habe physiologische Synopsieen der angedeuteten Art gehabt,
zu erklären ist. Die bekannte Erzählung, dass er die Differenz
von einem Viertel-Ton, um welchen seine eigene Geige höher
gestimmt war als eine andere, die er zwei Tage vorher gespielt hatte, sofort erkannte, würde ein dermaſsen ausgebildetes
absolutes Gehör verlangen, dass ich es geradezu in das Be-
reich der Unmöglichkeit verweisen möchte; eine solche Feinheit
des Gehörs ohne jeden äuſseren Anhaltepunkt, der natürlich
nur auf physiologischem Gebiet gesucht werden könnte, ist
meines Erachtens undenkbar, ein dem Gruberschen Fall
analoger Vorgang würde dagegen das Rätsel verständlich
machen. Da man physiologische Synopsieen bei musikalischen
Eindrücken relativ häufig findet*), jedenfall ungleich viel öfters,
als es der mit den Erscheinungen nicht vertraute Laie vermuten kann, hat eine Voraussetzung, wie die hier ge-
machte, durchaus nichts Unwahrscheinliches an sich. Noch
begründeter scheint eine solche Annahme für Schubert

---

*) Ein weit verbreiteter Irrtum ist es, die physiologischen
Synopsieen für ein wenig pathologisch zu halten. Ich benutze diese
Gelegenheit, noch einmal entschieden gegen eine solche Annahme
zu protestieren. Die genannten Erscheinungen sind durchaus mit
einer völlig normalen Natur vereinbar.

zu sein, und zwar aus folgenden Gründen. Sein bekanntes
Lied: »Die liebe Farbe« in dem »Müllerlieder«-Cyklus hat eine
auffallend eigenartige Begleitung. Das in H-moll geschriebene
Lied bringt vom Anfang bis zum Ende in ununterbrochen
hämmerndem Sechzehntelschlag die Dominante der Tonart,
Fis. Mit genialer Kunst hat es der Komponist verstanden,
um diesen Ton die gesamten Harmonieen zu gruppieren,
sodass der Hörer trotz des in einem einzigen Verse gerade
200 mal, in dem ganzen, aus drei Versen bestehenden Lied also
600 mal in gleichmäfsigen Sechszehntel - Intervallen wieder-
kehrenden Fis keine Ermüdung empfindet. Weder bei Schubert selbst, noch meines Wissens irgendwo sonst in der
musikalischen Litteratur findet sich eine ähnliche Begleitung*).
Nun aber wird im Text mit genau gleicher Beharrlichkeit unaufhörlich vom Grün, der »lieben Farbe« gesprochen. Es ist
mir deshalb überaus wahrscheinlich, dass Schubert, einer subjektiven Empfindung folgend, fortwährend einen Ton in der Begleitung erklingen liefs, der in ihm die Vorstellung der grünen
Farbe wachrief. Eine andere psychologische Erklärung für die
eigenartige Begleitung ist wohl nicht aufzufinden. Denn die
Begleitung sozusagen als Marotte des Komponisten, die Übereinstimmung als puren Zufall anzusehen, ist fast unmöglich.
Dazu kommt noch, dass das Pendant zum genannten Liede,
die »böse Farbe«, womit ebenfalls das Grün bezeichnet wird,
in H-dur geschrieben ist, sodass abermals Fis Dominante der
Tonart ist. Von dem so feinsinnigen und phantasiereichen
Schubert ist natürlich nicht zu erwarten, dass er noch in
einem zweiten Liede dieselbe Begleitung wie im vorhergehenden
anwandte, dennoch finden sich auch in ihm zwei Stellen,
worin mehrere Takte hindurch das Fis in Sechzehntel-Triolen
erklingt: das erste Mal zu den Worten »so stolz, so keck, so
schadenfroh« zwei Takte hindurch, nachdem vorher in ähn-

---

*) In Reicharts kürzerer Komposition des Goetheschen
»Geistesgrufs« finden wir auch unaufhörlich einen Ton (d) als
Grundton angegeben, doch liegt hier der bestimmte Gedanke, wel-
chen der Komponist gehabt hat, klar auf der Hand.

Hennig, Tonarten.   4

licher Weise die Töne h und a verwertet waren, während zu
den darauf folgenden Worten: »mich armen, armen weifsen
Mann« zwei Takte lang Cis ertönt, das zweite Mal volle acht
Takte hindurch bei den Worten: »Horch, wenn im Wald ein
Jagdhorn schallt u. s. w.«

Nach dieser kurzen Abschweifung, welche natürlich nur
eine interessante, wenn auch völlig bedeutungslose Vermutung
sein kann, wollen wir nunmehr in medias res gehen und die
Synopsieen bei verschiedenen Tonarten betrachten. Es ist ein-
leuchtend, dass man bei genügend vorhandenem Material durch
Vergleich der Angaben einzelner Personen und Aufsuchen von
Parallelen mit leichter Mühe zu bedeutungsvollen, binden-
den Schlüssen gelangen könnte, denn wenn verschiedene Tonarten verschiedene physiologische Wirkungen hervorrufen, so
wird ihnen höchstwahrscheinlich eine objektive Charakteristik
zugesprochen werden können. Leider bietet nun aber die
ganze bisherige Litteratur nur zwei Fälle, da Erscheinungen
der angedeuteten Art bisher ziemlich unbeachtet blieben.
Immerhin wird schon eine Diskussion dieses überaus geringen
Materials ebenso interessant wie belehrend sein; wir werden
sehen, welche Bedeutung schon Angaben einer einzelnen Person
haben können und wie tief man auf diesem Wege in das
dunkle Gebiet unseres Themas einzudringen im stande ist.

Der eine der genannten Fälle ist in dem Werke von
Flournoy: »Des phénomènes de synopsie« (1893) entnommen,
der andere ist in dem kleinen Schriftchen von Bleuler und
Lehmann: »Zwangsmäfsige Lichtempfindungen durch Schall«
(1881) mitgeteilt. Betrachten wir zunächst den zuerst citierten Fall.

Auf Seite 101 des Flournoyschen Buches sind folgende
Angaben gemacht über Associationen zwischen Tonarten und
Farben, welche eine ungenannte Person empfindet:

G-dur	ein wenig grün,
A-dur	rosa,
E-dur	rot,
Fis-dur	intensiv gelb,
D-moll	fahlgrau.

In dieser Fassung ist natürlich aus den übrigens sehr lücken-
haften Angaben nichts zu entnehmen; es ist von Flournoy
gerade der für uns wichtigste Punkt nicht besprochen worden,
ob die Farben beim Spiel der Tonarten gesehen oder ob sie
lediglich in der Vorstellung assoziiert werden. Gerade dies
aber ist eine Frage von prinzipieller Bedeutung, denn nur im
ersteren Fall kann es sich um rein physiologische Wirkungen
der Tonarten als solcher handeln, im zweiten Fall hätten wir
es mit Erscheinungen zu thun, die ich als »psychologische
Synopsieen« bezeichnet habe und die für unsere Zwecke völlig
unbrauchbar sein würden, da physiologische Wirkungen der
gewünschten Art entweder gar nicht vorhanden oder durch
andere Einflüsse vollkommen überdeckt und unkenntlich geworden sind. Um Genaueres zu erfahren, wandte ich mich
an Flournoy selbst mit den für meine Zwecke notwendigsten
Fragen und der Bitte, seinen Gewährsmann zu interpellieren.
In der liebenswürdigsten, eifrigsten Weise kamen er sowohl
wie sein Gewährsmann, Herr Professor Cart in Lausanne,
meinen Wünschen entgegen, wofür ich beiden Herren auch
an dieser Stelle meinen herzlichen Dank ausspreche.

Es war notwendig, zu den Flournoyschen Angaben noch
über folgende Punkte Aufklärung zu erhalten:

1. Ob nur eine Farbenvorstellung beim Gedanken an
eine Tonart auftritt oder ein wirklicher Gesichtseindruck beim
Hören von Musikwerken. Im ersteren Falle wären die folgenden
Fragen hinfällig.

2. Ob es im letzteren Falle möglich ist, lediglich an der
ins Bewusstsein tretenden Farbe eine jeweilig gespielte Tonart
zu erkennen.

3. Ob bei jeder Musik die Tonart einen Farbeneindruck
hervorruft, oder ob nur gewissen Instrumenten eine solche
Wirkung zukommt.

4. Ob alle Tonarten Farbenbilder hervorrufen.

5. Ob bei einem um einen halben Ton verstimmten Klavier — falls Klaviermusik überhaupt Farbenempfindung be-

4*

dingt — die absolute oder die jeweilig gespielte, die »relative«
Tonart ausschlaggebend ist.

Auf die wichtigste erste Frage nun antwortete Prof. Cart
in einem Schreiben an Prof. Flournoy (datiert Lausanne,
den 1. Februar 1896), welcher mir die Abschrift gütigst über-
mittelte, folgendes: »Les couleurs correspondant aux tons
musicaux (ut = blanc, mi = rouge, la bémol = bleu violet)
m'apparaissent comme inséparable du ton, et en idée ab-
straite*), et à la perception sensuelle. Quand j'entends
jouer en ‚do majeur‘ je vois blanc lumineux; peu de couleur,
mais beaucoup de lumière; certains effets connus (Beethoven
Symphonie 5, Weber Ouverture Freischütz) me produisent
presque un éblouissement, si bien que je ferme volontiers les
yeux! — ‚La bémol‘ me procure un bien-être intense; c'est du
velours, une impression de repos voluptueux comme les der-
niers vers de la 1ère Eclogue de Virgila avec les u répétés.**) —
Donc: la couleur est inséparable de ces tons, et à la seule
pensée, et à l'audition.«

Hieraus zeigt sich also mit genügender Deutlichkeit, dass
die Farbenempfindungen thatsächlich physiologischen, nicht psychologischen Ursprungs sind. Zumal
die Worte: »me produisent presque un éblouissement, si bien
que je ferme volontiers les yeux« sind höchst interessant. Die
Vorstellung des C-dur als weifs möchte man von vornherein
aus psychologischen Gründen, aus Ideenassoziationen mit den
Tasten des Klaviers erklären; dass eine solche Vermutung
jedoch unter diesen Umständen, wo eine der deutlichsten und
schönsten physiologischen Synopsieen, die ich kenne, vorliegt,
zurückzuweisen ist, ist selbstverständlich.

Man sollte nun meinen, dass unter solchen Umständen ein
Erkennen derjenigen Tonarten, welche auf physiologischem

---

*) Die gesperrten Worte sind mir von Prof. Flournoy selbst
unterstrichen worden.
**) Die beiden Verse lauten:
  et iam summa procul villarum culmina fumant
  maioresque cadunt altis de montibus umbrae.

Wege Farbenvorstellungen auslösen, unbedingt notwendig ist. Dem ist jedoch merkwürdigerweise nicht so. Prof. Cart antwortet auf die unter 2 mitgeteilte Frage: »Je ne crois pas avoir l'oreille assez exercée pour reconnaître sans autre et sans contrôle le ton dans lequel on joue; mais la tonalité — sans que je reconnaisse d'emblée la gamme — produit la sensation de couleur. En tout cas la sensation de couleur ne suffirait pas pour me faire diagnostiquer le ton.« Und in einem zweiten Schreiben, datiert »Lausanne, den 23. Februar 1896«, das an mich persönlich gerichtet ist, fügt er diesen Äufserungen noch hinzu: »Wenn ich nicht sicher behaupten kann, dass das Farbenbild mich die Tonart ohne weiteres erkennen lässt, so schreibe ich diese Schwäche einer ungenügenden Bildung meines musikalischen Ohres zu.«

Damit ist freilich der Widerspruch nicht gelöfst. Ich denke mir nun den Prozess, welcher beim jedesmaligen Hören der genannten Tonarten vor sich geht, folgendermafsen: Durch sie wird in irgend einer Art und Weise, wie bei jeder physiologischen Synopsie, der nervus opticus miterregt, sodass eine Farbenempfindung eintritt. Diese ist jedoch im allgemeinen nur schwach und nicht lebhaft genug, um sicher analysiert zu werden. Sobald jedoch durch Kenntnis der gespielten Tonart die Aufmerksamkeit auf die bestimmte Farbe gelenkt wird, tritt diese natürlich lebhafter ins Bewusstsein, ähnlich wie ein Oberton oder Kombinationston viel leichter und stärker wahrgenommen wird, wenn er vorher dem Ohre angegeben wird oder wenn man seinen Klang sich innerlich vorstellt. Dass die Farbenempfindung nun unter Umständen, wenn nämlich ein wohlbekanntes Musikstück besonders wirkungsvoll ist, so intensiv wird, dass »fast eine Blendung« und ein sehr charakteristisches, unwillkürliches Augenschliefsen erfolgt, ist nicht wunderbar.

»Die Tonarten rufen bei mir nicht unter allen Umständen Farbeneindrücke hervor; am deutlichsten sind dieselben bei Orchesterklang, Klavier, grofsem Chor mit Begleitung; Orgel, Sologesang, Chor a capella, Geige rufen keine Farben hervor.«

So äufsert sich Prof. Cart über die sub 3 mitgeteilte Frage. Auch daraus folgt mit Notwendigkeit, dass die Photismen physiologischen Ursprungs sind, denn psychologische Ursachen würden eine Abhängigkeit der Farbenempfindung von den ausführenden Klangwerkzeugen nicht zulassen können. Auch geht aus jener Antwort hervor, dass, wie es scheint, wohl ausschliefslich temperierte Stimmung eine Wirkung der Tonarten herbeiführt.

Auf die sub 5 gestellte Frage vermochte Prof. Cart mir keine Antwort zu erteilen.

Es war mir auffallend, dass in dem ersten Schreiben des Prof. Cart Tonarten als besonders wirksam genannt wurden, welche in Flournoys Werk gar nicht an der betreffenden Stelle erwähnt sind. Ich fragte deshalb Prof. Cart, ob alle Tonarten Farbenbilder hervorriefen oder nur einige bezw. welche. Er erwiderte mir darauf: »Deutlich sind mir nur:

C-dur = hellweifs, mehr Licht als Farbe,

D-moll = grau,

E-dur = roth,

As-dur = tiefblau-violett,

Bei F-dur eine vage Anwandlung von grün. Ich traue aber dieser Empfindung nicht, weil ich nicht an F-dur denken kann, ohne an die Pastorale zu denken. Andere F-dur-Sachen haben für mich keine Spur von Grün.« In diesem Schreiben wird also des »ein wenig grünen »G-dur, des »rosa« A-dur und des »intensiv gelben« Fis-dur gar nicht Erwähnung gethan.

Für unsere Betrachtungen hat nun zunächst F-dur auszuscheiden, dessen Farbe lediglich dem Gedanken an die Beethovensche Pastoral-Symphonie entspringt, also psychologischen Ursprungs ist, zumal da andere in F-dur stehende Musik »keine Spur von Grün« aufweist. Aus demselben Grunde wird die Angabe von G-dur unbrauchbar, denn in seinem ersten Briefe vom 1. Februar sagt Prof. Cart: »J'ai la sensation de vert en pensant à ,fa majeur' et à ,sol majeur', mais je me méfie de cette association, qui pourrait provenir de ce qu'on appelle ces tons ‚innocents‘ et qu'on les choisit pour les pastorales. Ainsi la ‚naïveté‘ disparait.«

Die übrigen Farbenempfindungen dürften ausnahmslos physiologischer Natur sein, wir werden also darauf zu achten haben, ob denjenigen Tonarten, welchen sie zukommen, in irgend einer Art und Weise eine Sonderstellung zukommt, ob ihr Klang sich in besonderer Weise von allen anderen unterscheidet. Es sind dies also von den Dur-Tonarten besonders C-dur und As-dur, ferner auch A-dur, E-dur und Fis-dur, von den Moll-Tonarten nur D-moll. Zu der physiologischen Synopsie für As-dur tritt übrigens noch eine präzisiertere und kompliziertere psychologische. Prof. Cart schreibt nämlich noch folgendes: »D'une manière générale, en réfléchissant trop à ces matiéres, je ne sais plus où commence l'association d'idées et d'impressions devenue une habitude, et où cesse la perception absolument involontaire et inconsciente. Par exemple, pour les vers de Virgile que je vous citais, je ne puis ni les lire, ni y penser, sans voir la plaine lombarde près de Bergame ou de Lecco, entendre la bémol, et avoir un ciel bleu-violet, avec stries dorées de soleil couchant. Il m'est impossible de faire la limite entre l'habitude d'imagination et la sensation presque physique.«

Wenn man bedenkt, wie viel Resultate schon eine eingehende Untersuchung dieses einen Falles ergeben hat, wird man es um so mehr bedauern, dass man durch Mangel an Material nicht imstande ist, diesen Fall mit anderen ähnlichen zu vergleichen. Selbst der in dem genannten Werke von Bleuler und Lehmann sich findende Fall kann für unsere Zwecke nicht benutzt werden. Es sind dort für sämtliche Tonarten Photismen angeführt, welche ein 21 jähriger, sehr musikalischer stud. phil. empfand, doch werden sie für unsere Zwecke unbrauchbar, da sich folgende erläuternde Angaben dazu finden:*) »Aus dieser Tabelle folgt: Die Is-Tonart ist immer heller, die Es-Tonart dunkler als die Grundtonart. Die

---

*) Die Sperrung einzelner Wörter stammt von mir.

gleichen Tonarten auf der Violine gespielt, erscheinen etwas
heller, auf Oboe und Cello dunkler. . . . Die am Klavier
akustisch identischen Tonarten, z. B. Dis-dur und Es-dur,
können je nach der momentanen Stimmung so oder so
gefärbt gedacht werden, in auf dem Klavier gespielten Musikstücken entscheidet in solchen zweifelhaften Fällen die Überlegung, welche Tonart nach dem Vorausgegangenen nach
musikalischen Prinzipien folgen müsse. Innerhalb derselben
Tonart erscheinen alle Klänge von der gleichen Farbe, aber
die höheren heller, die tieferen dunkler, der gleiche Klang
erscheint als Theil eines Akkordes in D-dur gelb,
als eines in C-dur eisengrau.»

Aus jedem einzelnen dieser Sätze geht zur Evidenz hervor,
dass man es in dem Bleuler-Lehmannschen Fall lediglich
mit psychologischen Synopsieen zu thun hat, dass die eventuell
vorhandenen physiologischen Verschiedenheiten nur ganz untergeordneter Art sein können. Ob die betreffende Person Farbenempfindungen beim blossen Hören von Musik hat, konnte ich
nicht erkunden. Dr. Bleuler, jetzt Arzt an der Irrenanstalt zu
Rheinau bei Zürich, vermochte mir auf meine diesbezügliche
Anfrage keine Auskunft zu geben, auch seine Bemühungen,
von seinem Gewährsmanne noch nachträglich, 16 Jahre nach
dem Erscheinen seines Werkes, nähere Auskunft zu erlangen,
scheinen gescheitert zu sein. Ich selbst habe bei meinen Nach-
forschungen keinen Fall gefunden, der dem des Prof. Cart
an die Seite zu stellen wäre. Zwar habe ich mehrere Personen
gefunden, welche gewissen Musikstücken Farben beilegten,
so bezeichnete z. B. ein Herr das Vorspiel zu »Lohengrin«
als hellblau, ein anderer als goldfarben, doch ergab es sich,
dass die Tonart dabei ohne Einfluss war, andere Tonwerke in
A-dur riefen keine oder andere Farbenempfindungen hervor.
Ein einziger Fall nur dürfte vielleicht als brauchbar zu bezeichnen sein:

Eine entfernte Cousine von mir, Fräulein G. von
Sydow in Frankfurt an der Oder, gab mir auf meine schrift-
liche Anfrage an, dass sie verschiedenen Tonarten Farben bei-

lege, so bezeichnete sie H - dur »lila«, Fis - dur »hellblau»,
E-moll »regengrau«, F-dur »wie Rheinwein oder wie die Idee
vom Monat Mai«, As-dur »dunkelrot«, Des-dur »dunkelbraun«.

Sobald ich mit ihr zusammentraf, benutzte ich die Gelegenheit, um zu erforschen, in wie weit diese Photismen physiologischer und psychologischer Natur waren. Ich setzte mich
ans Klavier und gab Akkorde einer der von ihr bezeichneten
Tonarten an, während sie mit abgewandtem Gesicht mir angab, ob sie Farbenempfindungen habe oder nicht. Im allgemeinen verhielt sie sich den Klängen gegenüber völlig indifferent, wodurch die psychologische Entstehungsweise der
Synopsieen bewiesen war. Als ich aber in Des-dur zu spielen
anfing, erklärte sie nach einigem Besinnen — mit nicht sehr
grofser Bestimmtheit —, sie habe die Empfindung, als ob sie
roten Sammet vor sich sehe, während sie in der Vorstellung
diese Tonart dunkelbraun empfand. Nach etwa einer halben
oder ganzen Stunde setzte ich mich abermals ans Klavier, das
Ergebnis war dasselbe: während sie bei den übrigen Tonarten
keine Farben sah, erklärte sie, sobald einige Des-dur-Harmonieen
erklungen waren, diese Tonart würde wohl wieder Des-dur
sein, denn »es würde ihr so rot vor den Augen« wie vorher.
Leider war ich nicht im stande, späterhin die Versuche nochmals zu wiederholen, und auf schriftlichem Wege gelang es
mir nicht, über die gemachten Beobachtungen weitere Kontroll-
versuche zu erhalten.

Erwähnen will ich noch, dass mir dieselbe Dame den
Klang des nur einmal von mir gespielten Fis-dur als gelb bezeichnete, während der Eindruck dieser Tonart in ihrer Vorstellung ein hellblauer war. Es ist immerhin interessant, dass
auch Prof. Cart Fis-dur als intensivgelb empfindet (ebenso
übrigens der vorhin erwähnte stud. phil. bei Bleuler und
Lehmann als «schwefelgelb«). Natürlich kann man daraus
nichts folgern, und es kann ein Zufall im Spiel sein, dennoch
habe ich darauf hingewiesen, damit eventuelle anderweitige
Versuche und Beobachtungen einen Anknüpfungspunkt finden.

Wenn wir nun auch die letzte Beobachtung, da sie unkontrolliert geblieben ist, nicht verwerten könnten, so würde doch die erstere immerhin interessant genug sein, da sie auf eine Sonderstellung des Des-dur hinweisen würde. Und wir werden sehen, dass diese Sonderstellung aus anderen That- sachen und Beobachtungen in deutlichster Weise bestätigt wird.

Von zwei oder drei Seiten hörte ich unabhängig, dass auch Richard Wagner lebhafte Synopsieen für Tonarten gehabt haben müsse, ja es geht sogar das Gerücht, dieselben seien so deut- lich gewesen, dass er seine Umgebung in Bezug auf ihre Farbe der jeweiligen Tonart anzupassen pflegte, dass er beim Über- gang in eine andere Tonart auch die Farbe seiner Umgebung änderte. An und für sich enthält diese Erzählung nichts Un- wahrscheinliches, und ganz aus der Luft gegriffen kann ein derartiges Gerücht nicht werden, doch vermochte ich in Wagners »Gesammelten Werken« keine darauf bezügliche Stelle zu finden, und auf meine Anfrage in Baireuth ließ mir Frau Cosima Wagner unter dem 29. Juli 1895 durch ihre Tochter mitteilen, dass ihr derartiges nicht bekannt sei.*)

Die physiologisch verschieden wirkenden Einflüsse von Tonarten und in noch höherem Grade von Tongeschlechtern können sich aber in noch weit eklatanterer Weise als in Farben- vorstellungen, nämlich in seelischen Wirkungen äußern. Schon im Altertum schrieb man den Tonarten deutlichen Ausdruck von Gemütsbewegungen, ja selbst Erregung von solchen zu. Lucian soll der phrygischen Tonart impetum, der lydischen

---

*) Auch Lifst hatte bei musikalischen Tonwerken — ob bei Tonarten, weiß ich nicht — sehr lebhafte Farbenempfindungen. Die »Neue Berliner Musikzeitung« vom 29. August 1895 brachte folgende Anekdote: »Als Lifst erster Kapellmeister in Weimar wurde, verblüffte er bei der Anfangsprobe sein Orchester dadurch, dass er sagte: »O, bitte, meine Herren, ein bischen blauer, wenn es gefällt! Diese Tonart erfordert es!« Oder: »Das ist ein tiefes Violett, ich bitte, sich darnach zu richten! Nicht so rosa!« — Zu- erst glaubte das Orchester, Lifst scherze nur, später gewöhnte es sich daran, dass der grofse Musiker da Farben zu sehen schien, wo es nur Töne gab«. — Auch Raff hatte lebhafte musikalische Synopsieen (vgl. Bleuler und Lehmann, S. 64).

furorem, der dorischen severitatem, der ionischen iucunditatem zugesprochen haben. In Radaus »Lehre vom Schall« (1869 S. 38 ff.) findet sich eine Sammlung alter auf die psychologische (und somit physiologische) Wirkung der Tongeschlechter*) bezüglicher Anekdoten, von denen die folgende hier wiedergegeben sein mögen.

Timotheus entflammte Alexander den Grofsen bis zur Wut, indem er ein Lied in der phrygischen Weise vortrug, und besänftigte ihn wieder, indem er zur lydischen Weise überging.

Boëthius erzählt, Pythagoras habe einen Jüngling gefunden, welcher von Eifersucht, Wein und der phrygischen Weise so erhitzt gewesen sei, dass er das Haus seiner Geliebten anzünden wollte. Er liefs die Flötenspielerin eine andere Weise spielen, und jener wurde besänftigt.

Unter Heinrich III. von Frankreich brachte der Musiker Claudin einen der Hofleute in solche Aufregung, dass derselbe sich vergafs und in Gegenwart des Monarchen zu den Waffen griff**); Claudin beeilte sich, ihn durch eine andere Weise zu besänftigen. Eine ganz ähnliche Anekdote wird von Erich dem Guten von Dänemark erzählt.

Soweit Radaus Beispiele! Der Komponist Adam von Fulda, welcher 1450 geboren wurde, schildert den charakteristischen Ausdruck der einzelnen Tongeschlechter in folgenden Versen, wobei zu bemerken ist, dass zu Adams Lebzeiten schon die ionische (Dur-) Tonart als »erste«, die dorische als »zweite« u. s. w. bezeichnet wurde:

---

*) Unter einem »Tongeschlecht« verstehe ich hier nicht nur Dur oder Moll, sondern auch die Gesamtheit der phrygischen, lydischen etc. Tonarten.

**) Eine noch eklatantere Erzählung von den Wirkungen, wenn nicht der Tongeschlechter, so doch der Musik, ist diejenige von den Offizieren der Maria Theresia, welche im Theater durch das Trompetensignal im Vorspiel zu Glucks »Alceste« in ihrer Gesamtheit (!) so erregt wurden, dass sie aufsprangen und ihre Säbel zogen.

Omnibus est Primus, sed alter, tristibus aptus,
Tertius iratus, quartus dicitur fieri blandus.
Quantum da laetis, sextum pietate probatis,
Septimus est juvenum, sed postremus sapientium.

Die uns geläufigsten Tonarten, Dur und Moll (die ionische
und äolische) sind also als »omnibus aptus« und als »pius«
bezeichnet. Im übrigen sei daran erinnert, dass die phrygische
und lydische Tonart der Griechen, welche oben mehrmals
genannt wurden, nicht den gleichnamigen Kirchen-Tonarten
entsprechen, sondern dass die phrygische Tonart der Alten auf
dem Grundton d sich aufbaut, also gleich dem jetzt als dorisch
bezeichneten Tongeschlecht ist, während die Griechen mit
lydischer Tonart unser heutiges Dur bezeichneten.

Nicht nur in Gemütsbewegungen aber kann sich die psycho-
physiologische Wirkung der Tonarten und Tongeschlechter
äufsern, es sind selbst solche Wirkungen ganz bestimmter Töne,
Tonarten und Klangfarben beobachtet, welche hart ans Patho-
logische grenzen.

Boyle kannte Frauen, die in Thränen ausbrachen, sobald
sie gewisse Töne hörten, die auf die übrigen Zuhörer ohne
Wirkung blieben. Es steht zu vermuten, dass es sich dabei
um bestimmte, akustisch sehr wirksame Töne handelte, wie
wir sie in der viergestrichenen Oktave seit Helmholtz kennen
und in der zweigestrichenen Oktave noch kennen lernen
werden.

Dass Klangcharaktere gewisser Instrumente ebenfalls höchst
eigentümliche physiologische Wirkungen haben können, beweisen zwei andere Anekdoten: Boyle citiert einen gascogni-
schen Ritter, bei dem der Klang des Dudelsacks immer eine
Inkontinenz verursachte, und in einem Aufsatz der »Leipziger
Allgemeinen musikalischen Zeitung« vom 3. Dezember 1806
(Jahrg. 9, Spalte 157) ist die Rede von einer Dame, welche
beim Klang des Harmoniums stets einschlief, trotz aller Bemühungen, sich wach zu halten. Der Referent bemerkte dazu:
»Sie ist gesund und frey von allen Nervenübeln, sie gefällt
sich in ihrer Stärke und Lebhaftigkeit«, doch konnte sie sich

beim Klange jenes Instrumentes nicht wach halten, selbst wenn sie umherging und vor Anstrengung, den Schlaf zu bekämpfen, erblasste. Rousseau hinwiederum kannte nach einer Notiz Radaus eine Dame, die überhaupt kein Musikstück hören konnte, ohne in einen Lachkrampf zu verfallen.

Endlich findet sich in dem eben erwähnten Aufsatz der »Leipziger Allgemeinen musikalischen Zeitung« ein Bericht, worin eine einzige Tonart bei einem sonst völlig normalen Musiker in einer ebenso überraschenden wie heftigen Weise wirkte: »Vor 12 bis 15 Jahren lebte in der Dresdner Kapelle (und lebt vielleicht noch) ein braver Violoncellist, Hofmann, der, ob er sich täglich mit Musik beschäftigte, doch die Tonart H-moll nie ertragen lernte. Überraschten ihn während seines Spieles einzelne Modulationen dieser Tonart, so zitterte er, Angstschweifs brach ihm aus, und liefs es sich thun, so ruhete er ein Weilchen; kamen aber ganze Sätze in dieser Tonart vor und er konnte sich nicht entfernen — wie, wenn er in der Kirche oder in der Oper spielte — so stand er Todesangst aus und alle Bekämpfungen dieser verdriefslichen Eigenheit waren vergebens.«

Hier steht die Physiologie vor einem Rätsel, das sie sobald nicht wird lösen können. Leider nahm man damals derlei Thatsachen als amüsante Anekdoten hin, deren Gründe zu erforschen sich nicht lohnte; heutzutage würde man den guten Hofmann wohl aufs Gründlichste inquirieren, Versuche mit ihm anstellen etc., bis man eine wenigstens wahrscheinliche Erklärung gefunden hätte.

Als Pendant hierzu sei darauf hingewiesen, dass auch alle Hunde, wie es scheint, gegen ganz bestimmte Tonarten besonders empfindlich sind. Der eben genannte Aufsatz berichtet zufällig gleichzeitig von einem Hunde, welcher den »E-dur-Akkord« nicht vertragen konnte und in Wut verfiel, als er einst damit gepeinigt wurde. Zufällig kam mir eine alte Doktor-Dissertation in die Hände, welche andere derartige Angaben macht. Sie betitelt sich: »De vi soni et musicae in hominem sanum et aegrotum« und stammt von einem ge-

wissen Eduard Henneberg aus Gotha, welcher damit am
3o. Mai 1846 in Jena zum Doktor der Medizin promovierte.
Auf S. 16 findet sich folgender bemerkenswerter Passus:
»Canes enim plurimi, si musicae sonis afficiuntur, quandam
exprimunt anxietatem aut in magnos erumpunt ululatus·
Tetrachordon in A-dur sonans canem perturbavit; in E-dur
autem in furorem eum coniecit«. Helmholtz teilt auf S. 188
seines Werkes mit, dass Hunde gegen das hohe e der Violine
ganz besonders empfindlich seien. Damit scheint gleichzeitig
eine Erklärung der merkwürdigen Erscheinung an die Hand
gegeben zu sein, indem vermutlich das hohe e ein Eigenton
des Hundegehörs sein wird. Wir werden nachher auf diese
Thatsache zurückzugreifen haben, wenn wir an eine Erklärung der Tonarten - Charakteristik herangehen werden. Hier
will ich nur noch bemerken, dass ich leider nicht Gelegenheit hatte, Hunde systematisch auf ihr Verhalten zu den
Tonarten zu untersuchen; vielleicht wird anderweit einmal die
»Charakteristik der Tonarten bei den Hunden« genauer erforscht.

Auch bei andren Tieren müssen sich derartige Erscheinungen deutlich zeigen. Darauf lässt wenigstens eine andere
Stelle in der bezeichneten Doktordissertation schliefsen (S. 17),
welche (nach einer Fufsnote) der »Allgemeinen musikalischen
Zeitung« (Bd. VII, No. 26) entnommen sein soll; doch war es
mir nicht möglich, in der bezeichneten Nummer (vom 27. März
1805) die Originalnotiz zu finden Der betreffende Abschnitt
jener Dissertation lautet:

»Mirabilia fere concentus ille celeberrimus effecit, quem
plurimi naturae investigatores coram duobus elephantibus per-
magnis Parisiis institui curarunt. Carmen enim quoddam
idque pervulgatum, quum omnibus adhibitis instrumentis mu-
sicis et quidem in D-Dur sonantibus caneretur, bestias illas ad
vehementissimas laetitiae eruptiones excitavit; exsultantes arti-
ficiosis fere saltibus clamores ediderunt laetissimos; imo tum,
quasi ipsi sonos adjuvare vellent, acerrima sibila, tum strepitum
quendam ad similitudinem sonorum tubae emiserunt, qui, id
quod notatu est dignissimum, a canentium et instrumentorum

musicorum vocibus ne discrepans quidem vocari poterat.
Cantu placide in B-Moll incedente (zartes Adagio in B-Moll)
elephantes illi ita sunt mitigati, ut plane immobiles adstarent.
Denuo carmen, ut antea, est inceptum, ita tamen ut non in
D-Dur sed in F-Dur proferretur. Nunc autem carminis sonis
hae bestiae moveri omnino non potuerunt. Paulo post iidem
soni tertio, et quidem ut primum in D-Dur prolati, canerentur,
ecce eandem iterum, quam antea, et majorem fere vim in eos
exercuerunt«.

Dieses kleine Experiment ist für die Existenz einer
Charakteristik der Tonarten bei manchen Tieren von schla-
gender Beweiskraft. Sollten wir nicht daraus Analogieschlüsse
auf menschliche Verhältnisse ziehen können?

Nachdem wir so erkannt haben, dass vielfach physiologische
Vorgänge bei musikalischen Reizen mitspielen, die für uns
noch in völliges Dunkel gehüllt sind, steht der Möglichkeit nichts mehr im Wege, dass infolge von irgend
welchen anatomischen oder physiologischen Eigenheiten des Gehörorgans gewisse Töne und somit
auch Tonarten charakteristisch von anderen abstechen. Sehen wir nun zu, ob und in wie weit sich
Charaktere von Tonarten nachweisen lassen!

Der Charakter der Tonarten.

An dieser Stelle, wo die Untersuchung die objektive
Methode völlig verlässt und nur noch mit subjektiven Empfindungen zu operieren beginnt, wird es nun nötig sein, dass
ich, das Resultat dieser Arbeit vorwegnehmend, mich selbst als
Anhänger der Lehre von der Tonarten-Charakteristik bekenne,
und zwar der subjektiven wie der objektiven, wobei ich wohl
aber nicht erst zu betonen brauche, dass auch ich die alten
Erklärungen der Tonarten, zum gröfsten Teil wenigstens, für
Übertreibungen und Phantastereien erkläre, trotzdem darin

nicht selten ein Körnchen Wahrheit enthalten zu sein scheint. Ein auf die Tonarten-Charaktere bezüglicher Absatz aber, welcher der 1837 erschienenen »Ästhetik der Tonkunst« von Hand entnommen ist, sei an die Spitze dieses Kapitels gestellt und für Anhänger wie Gegner jener Lehre ganz besonderer Beachtung empfohlen. Auf Seite 216 im ersten Bande des genannten Werkes heißt es:

»Wir sind aber bei Feststellung des besonderen auf die Beobachtung zurückgewiesen, und müssen, weil diese nie als abgeschlossen gelten kann, jeden von anderen aufgefassten Charakterzug berücksichtigen, um durch Vergleichung mit vorhandenen Werken das Wahre herauszufinden. . . . . Überall aber muss vorausgesetzt werden, dass jegliches Ding in sein Gegenteil umgewandelt werden kann, und daher selbst das ursprünglich Weiche in einer ironischen oder gegenteiligen Anwendung zum Ausdruck eines Heftigen oder Formlosen dienen kann, wie im Moralischen vieles in sein Gegenteil umschlägt.«

Das sind äußerst verständige Aussprüche, die ein jeder zur unparteiischen Beurteilung unserer Resultate sich gegenwärtig halten sollte.

Beginnen wir mit der Betrachtung der entlegeneren Tonarten, derjenigen mit 5 und 6 Vorzeichen, da ja von vornherein einleuchtet, dass die Tondichter diese nur dann anwenden werden, falls bestimmte Gründe dabei für sie maßgebend sind*). Da, wo es dem Komponisten auf die Tonart nicht oder

---

*) Es kommen freilich auch Ausnahmen vor, sogar solche der allerauffallendsten Art: so hat z. B. H. von Hertzogenberg in einem seiner neuesten Werke, dem lieblichen Oratorium: »Die Geburt Christi« (op. 90) das altböhmische Volkslied: »Josef, lieber Josef mein« verwertet und dabei in die Tonart Fis-dur versetzt. Es mag dabei hervorgehoben werden, dass Hertzogenberg für die #-Tonarten eine ungewöhnlich stark ausgeprägte Vorliebe hat (von 33 Tonsätzen des genannten Oratoriums hat nur eine b-Vorzeichnung [C-moll] aufzuweisen, ebenso wie ja auch Bachs H-moll-Messe unter 24 Tonsätzen nur einen mit einer b-Vorzeichnung [G-moll] hat).

nur wenig anzukommen scheint, finden wir, dass er sich innerhalb der Tonarten mit 4 b- und 4 #-Vorzeichen hält, so z. B.
alle älteren Komponisten bis ins vorige Jahrhundert hinein;
nur vereinzelte Ausnahme wird man finden, wie z. B. das
Fis-dur-Largo von Haydn oder einige Nummern des »Wohl-
temperirten Klaviers« von Bach. Mozart pflegt sogar über
drei Vorzeichen nur selten hinauszugehen, und erst seit
Beethoven und Schubert werden auch die entlegeneren
Tonarten häufiger angewandt.

Wir finden nun, dass speziell die Klavierlitteratur mit
grofser Vorliebe zu den Obertasten-Tonarten greift, und derjenige, welcher diesem Zweig der Musik zuerst einen eleganten
und gefälligen Charakter zu geben bemüht war, und das
Klaviervirtuosentum — im guten Sinne des Wortes — be-
gründete, Chopin, ist besonders bekannt dafür, dass er die
entlegenen Tonarten in geradezu auffallender Weise bevorzugt,
und mit ihm viele andere, die der »romantischen Schule« angehören oder zuneigen. Wie ist diese Erscheinung zu erklären? Die landläufige Deutung ist die, dass die Komponisten
für Klaviervirtuosen, denen es also in erster Linie auf ein gefälliges oder blendendes Äufsere, weniger auf die geistige Vertiefung des Stückes ankommt*), kurz die Komponisten besserer
Salonstücke und Konzertnummern für Klavier die Schwierigkeiten der Applikatur zu erhöhen bemüht sind. Es ist diese
Behauptung, so sehr sie auch anfangs einleuchtet, aber doch
wohl kaum aufrecht zu erhalten, denn erstens pflegt das zu-
hörende Publikum ja doch in überwältigender Mehrzahl nicht
zu bemerken oder darauf zu achten, dass viele Obertasten in
dem gespielten Stück vorkommen, zweitens ist schon für einen
mäfsig guten Klavierspieler kaum ein Unterschied der Schwierigkeit vorhanden, ob er nun viel schwarze Tasten zu greifen hat
oder nicht, und drittens endlich würde ein solches Prinzip für

---

*) Chopin dürfte die einzige Ausnahme machen, bei ihm ist
der Inhalt der Werke ihrer Formenschönheit an Bedeutung ge-
wachsen.

das Klavier einzig dastehen, denn in Werken, die für andere konzertierende Instrumente geschrieben sind, ist meines Wissens nie absichtlich eine Tonart gewählt worden, welche dem Spieler möglichst grofse Schwierigkeiten bereitet.

Das auffallendste nun aber in der bezeichneten Klavierlitteratur, worauf meines Wissens noch niemals hingewiesen ist, ist der Umstand, dass, von wenigen Ausnahmen abgesehen, die Komponisten stets die entlegeneren b-Tonarten und zunächst Des-dur wählen. Eine Ausnahme macht Chopin, der zwar auch in erster Linie die Obertasten-Tonarten mit b-Vorzeichen pflegt, aber doch auch eine gröfsere Reihe von Werken in H-dur, Fis-dur und Gis-moll geschrieben hat. Sonst aber sind in der textlosen Klavierlitteratur entlegene #-Tonarten, wie H-dur und Fis-dur, nur ganz vereinzelt angewandt*), während das Pendant Des-dur unzählig oft verwendet worden ist. Aus diesen Erwägungen ist denn doch wohl zu folgern, dass für die Wahl der Tonarten andere Gründe mafsgebend sein müssen, als die sehr problematischen Schwierigkeiten der Applikatur.

Die Tonart Des-dur ist es, welche zumeist in Betracht kommt; die in Bezug auf Applikation schwierigere Tonart Ges-dur wird bezeichnenderweise nur selten, zumeist nur in Zwischensätzen, angewandt. Betrachten wir nur einige der bekanntesten und beliebtesten Salonstücke; gerade sie sind auffallend oft in Des-dur geschrieben: Webers »Aufforderung zum Tanz«, Kontskis »Erwachen des Löwen«, Chopins »Minutenwalzer«, Spindlers »Husarenritt« und »Wellenspiel«, Schulhoffs »Galop di Bravoura« u. v. a. Kurzum, man bekommt aus einer kurzen Übersicht über die vorhandene Salonstück-Litteratur den Eindruck, als ob die Tonart Des-dur für

---

*) Die einzigen Beispiele, die ich zu nennen wüsste, sind Brahms' Klaviertrio in H-dur und Beethovens Fis-dur-Sonate. Sonst aber scheint geradezu eine Aversion der Klavierkomponisten gegen diese Tonarten zu bestehen: Ich erinnere nur daran, dass Hans von Bülow den »Einzug der Gäste auf der Wartburg« aus »Tannhäuser« in seiner Klavierbearbeitung von H-dur nach B-dur transponierte.

einen glanzvollen Vortrag, für das Klaviervirtuosentum ganz
besonders geeignet sei.

Und thatsächlich scheint mir persönlich diese Tonart einen
ganz eigenartigen Klangcharakter zu besitzen, mit welchem
sich diejenigen aller anderen Tonarten garnicht vergleichen
lassen, einen strahlenden, glänzenden, ja pathetischen Klangcharakter. Doch ist der Pathos des Des-dur nicht kräftig und
energisch, sondern hohl, es scheint, als solle ein gefälliges
Äufsere, ein schönes Gewand über die Flachheit des gedank-
lichen Inhalts hinwegtäuschen*). Und dass diese Charakterisierung keine Selbsttäuschung, kein leerer Wahn ist, beweist
mir die Thatsache, dass ich, der ich sonst keine gespielte Durtonart mit einiger Sicherheit durch das Gehör zu erkennen
vermag, schon oftmals Des-dur lediglich an diesem
eigenartig prunkvollen Charakterausdruck richtig
erkannt habe, selbst bei stümperhaftem Spiel, freilich — im
Gegensatz zu allen anderen Moll-Tonarten — bisher
nur auf Klavieren. Beim Anhören des »Sanctus« und
»Hosanna« im Berliozschen »Requiem«, in welchen »nur
höchster Wohlklang zur Geltung kommt«, wie Ochs sich
ausdrückt, und welche auch in Des-dur geschrieben sind, war
es mir nicht möglich, den mir wohlbekannten Des-dur-
Charakter herauszuhören, obgleich ich wusste, welche Tonart
ich vor mir hatte (17. V.)**). Welche Gründe dabei im Spiel

---

*) Es ist ungemein schwer, ja oft unmöglich, den Eindruck
des Klangcharakters richtig zu definieren. Man muss deshalb ver-
zeihen, wenn auch ich, um das Gemeinte darzulegen und dabei
deutlich zu sein, mich zuweilen in eine zu detaillierte Schilderung
einlasse und eine zugespitzte Form des Ausdrucks wähle, welche
natürlich nicht in jedem Einzelfall zutrifft, aber doch dem allgemeinen Typus des Eindrucks gerecht wird. Man vergesse aber
nie, wie viel das Tempo und die Harmonisierung den Ausdruck
beeinflussen können.

**) Diese in Klammern beigefügten Daten der Beobachtungen,
die sich, sobald keine Jahreszahl beigefügt ist, stets auf das Jahr
1896 beziehen, sollen bei eingehenderem Studium dieses Werkes
ein ungefähres Bild von der Entwickelung meiner Erkenntnis-
fähigkeit für die Charaktere geben.

sind, habe ich bisher nicht ermitteln können. Auf dem Klavier jedenfalls ist mir der Charakter des Des-dur sehr sinnfällig, und habe ich diese Tonart schon mehrfach richtig an dem geschilderten Charaktereindruck erkannt, selbst wenn ich nur zufällig bei einem Gang auf der Strafse einige ihrer Akkorde aus geöffneten Fenstern fremder Wohnungen erklingen hörte.

Nun rufe man sich ins Gedächtnis, dass das oben erwähnte Frl. von Sydow, sobald ich Des-dur spielte, die Vorstellung von rotem Sammet hatte, dass auch sie an dieser ins Bewusstsein tretenden Farbe die Tonart einmal erkannte. Berlioz nennt Des-dur in seinem »Lehrbuch der Instrumentation und Orchestration« (S. 33) »majestätisch« und behauptet (S. 212), dass die wenig gekannte Trompete in Des den »schönsten Klang« von allen Trompeten gäbe und »ein Instrument voll Glanz, voll grosser Reinheit« sei. Ebenso wie ich bezeichnete ein Bekannter von mir, Herr cand. rer. ing. Blau, Des-dur spontan als prunkvoll, aber inhaltlos.

Was aber sagt man nun gar, wenn man folgende Äufserung Beethovens über Klopstock hört, dessen »Messias« bekanntlich auch vielfach der theatralisch-pathetischen Seite viel nachgiebt: »Ich habe mich jahrelang mit ihm getragen; verstanden habe ich ihn freilich nicht überall. Er springt so herum und fängt auch immer gar zu weit von oben an; immer maestoso! Des-dur! Nicht? Aber er ist doch grofs und hebt die Seele.«*)

Doch noch nicht genug! Was sagen denn unsere alten, vielgeschmähten Tonarten-Ästhetiker über Des-dur? Schilling äufsert sich: »Die Tonart an und für sich — möchten wir behaupten — erscheint hier als ein prachtvoll und glänzend, als ein gleichsam himmlisch schön dekoriertes Gebäude, oder als ein leicht zu durchschauendes und die schönen Formen noch schöner gestaltendes Gewand.« Gathy legt ihr »Empfindung

---

*) Diese Äufserung Beethovens stammt noch aus der Zeit vor seiner Taubheit, wenn ich nicht irre, aus dem Jahr 1795. Mitgeteilt soll sie in Rochlitz' Werk: »Für Freunde der Tonkunst« sein, doch konnte ich sie darin nicht auffinden.

von Leid und Wonne in wunderbarer Vermischung« bei. Hand sagt: »Es eignet sich für Darstellung der hohen Schönheit, des Prächtigen, des Glanzvollen, und trägt eine grofse Fülle in sich.«

Sollen alle diese einzelnen Definitionen aus den Fingern gesogen, alle diese Übereinstimmungen ganz unabhängiger Äufserungen purer Zufall sein? Weiter: speziell der erste Teil der Schillingschen Definition würde an einer Stelle unserer musikalischen Litteratur unbedingt eine Anwendung des Des-dur erwarten lassen, nämlich zur Schilderung des soeben vollendeten Götterhauses, des Walhall im »Rheingold«. Und was finden wir hier? Mit einer geradezu erstaunlichen Beharrlichkeit kehrt das Walhall-Motiv während des ganzen Musikdramas in Des-dur wieder, einer sonst in der Orchestermusik recht selten verwendeten Tonart, und erst in den folgenden Musikdramen erklingt es auch in anderen Tonarten, in der Begleitung zur Erzählung Sieglindes: «Ein Greis im grauen Gewand« z. B. in E-dur. Gerade im »Rheingold« aber, wo der Bau Walhalls den Göttern und besonders dem Wotan so schwere Sorgen bereitet und doch die prunkende Herrlichkeit des Bauwerks alle Sorgen betäubt, da passt zur Schilderung einzig und allein eben jene berauschende Pracht des Des-dur, die ich persönlich freilich, wie gesagt, bisher nur auf dem Klavier herauszufühlen vermochte.

Und zumal die Schlussscene des »Rheingold«, der »Einzug der Götter in Walhall«, ein Tongemälde, das an ausführenden Orchestermassen nur noch von denen des Berliozschen »Requiem« überboten wird, lässt die volle Bedeutung, die eigenartige Ausdrucksfähigkeit des Des-dur im hellsten Lichte erscheinen. Sollte nur die Herrlichkeit und Macht der Götter gepriesen werden, die Freude an der endlichen Besitznahme ihrer Burg Ausdruck finden, so würde vielleicht das kraftvollenergische D-dur am Platze gewesen sein und hätte sicherlich im Verein mit jener kolossalen Menge von Instrumenten (die Partitur ist 41-zeilig) einen überwältigend grofsartigen Eindruck hervorgerufen. Nun aber, wo der Zuhörer weifs, dass sich jener stolz prunkenden, triumphierenden Götterwelt das Verderben entspinnt, dass im Herzen des Götterkönigs selbst finstere Sorgen und nagende Zweifel wühlen, da passt nicht das strahlende D-dur mit seiner wuchtigen Kraft, da kann nur das alle Besorgnisse übertäubende, glanzvolle, aber gehalt- und kraftlose Des-dur eine richtige Schilderung geben.

Auch Löwe schildert in seiner Harald-Ballade das sinnen-bethörende Locken der Elfen in Des-dur. Muss man sich da nicht doch sagen, dass diese entlegene Tonart kaum so oft zur Erzielung gleicher Effekte angewandt worden wäre, wenn nicht besondere Gründe dafür maſsgebend wären? Man wird dem nun freilich entgegenhalten, und teilweise mit Recht, dass ein so scharf präzisierter Charakterausdruck des Des-dur, wie er im Vorangehenden angenommen wurde, doch nicht gut den Hunderttausenden, welche die angegebenen Tonwerke gehört und sich ihrer erfreut haben, hätte entgehen können. Darauf ist aber folgendes zu erwidern: Die Charaktere, welche nach meiner Ansicht den einzelnen Tonarten zukommen, sind sicherlich nicht derart hervortretend, dass sie sich dem Hörer sofort aufdrängen. Erst bei genauerer Aufmerksamkeit und nach häufiger Übung gelingt es, sie deutlich im Bewusstsein zu perzipieren. Es ist also ganz erklärlich,· dass die Allgemeinheit nichts wahr-nimmt von jenem Charakter, denn wieviel Hörer eines Musik-werkes achten wohl aufmerksam auf die Tonart, ja wieviel fragen sich auch nur zuweilen, welche Tonart sie gerade hören? Lassen sich doch selbst die meisten Künstler in der Wahl ihrer Tonarten in erster Linie von der Rücksicht auf die ausführenden Organe und auf den Tonumfang des Musik-stückes leiten, und wenige nur werden eine Empfindung für Charakterunterschiede haben. Ja viele werden sich scheuen, überhaupt darauf zu achten, da sie bei der landläufigen Stellung-nahme zur Lehre von der Tonarten-Charakteristik sich dadurch lächerlich zu machen fürchten. Auch ich habe viele Jahre lang die Tonart eines Musikwerks für völlig gleichgiltig ge-halten, erst durch die synoptischen Erscheinungen bei ver-

schiedenen Tonarten, welche Flournoy mitgeteilt hat, wurde
ich veranlasst, mich näher mit dem Thema dieser Untersuchungen zu befassen; und auch dann bildete sich nur allmählich ein Gefühl für die charakteristischen Verschiedenheiten
heraus. Jetzt, 2 Jahre nach dem Beginn dieser Studien, ist
es noch keineswegs vollkommen, doch verfeinert es sich zu-
sehends von Monat zu Monat. Verwechselungen bei meinen
Urteilen, die sich bisher nur bei den meisten Tonarten des
Mollgeschlechts und dem Des-dur gefestigt haben, sind durchaus nicht selten, doch sind sie noch immer viel zu selten, um
die zahlreichen richtigen Urteile als blofsen Zufall erscheinen
zu lassen. Ich bemerke, dass ich an manchen Tagen weit
mehr disponiert bin, die Tonarten richtig zu erkennen, als an
anderen. Sobald ich weifs, in welcher Tonart gespielt wird,
ist die Wahrnehmbarkeit des Charakters natürlich wesentlich
erleichtert.

Man wird daher nicht erwarten dürfen, dass der Charakter
des Des-dur und der übrigen noch zu bezeichnenden Tonarten
sich einem, der auf diesem schwierigen Gebiet Laie ist und der
mit den Einzelcharakteren nicht schon einigermafsen vertraut
ist, sich gleich bei dem ersten Versuch in voller Deutlichkeit
offenbart. Der Charakter des Des-dur ist aber jedenfalls noch
am leichtesten von allen Tonarten auf dem Klavier wahrzunehmen. Am meisten zu tage treten dürfte er meines Erachtens in Chopins B-moll-Scherzo und zwar in jenen perlen-
den Des-dur-Läufen, welche schon nach wenigen Eingangstakten
einsetzen. Noch eins aber sei gleich an dieser Stelle erwähnt:
Der Charakter einer Tonart ist (nach meinen persönlichen Erfahrungen) nur dann deutlich vorhanden,
wenn geeignete, d. h. volle und nicht zu schnell ver-
klingende Harmonieen vorhanden sind, welche der
jeweiligen Tonart angehören, nicht etwa, wenn einzelne einer Tonart angehörige Töne aufeinander
folgen, also etwa beim unbegleiteten ein- oder zweistimmigen
Gesang oder beim unbegleiteten Spielen einer Melodie auf
einem Instrument.

Wenn wir nun die übrigen Tonarten mit vielen Vorzeichen betrachten, so ist von vornherein zu erwarten, dass bei ihnen ein scharf hervorstechender Charakterzug ebenso wie beim Des-dur relativ leicht erkannt werden muss, da diese Tonarten, die ja viel seltener vorkommen als die weniger gefärbten, wenigstens für Orchestermusik wohl nur dann vom Komponisten gewählt werden, wenn sie besonders für die gewünschte Stimmung geeignet erscheinen. Andererseits ist aber zu beachten, dass infolge der Neigung zur subjektiven Charakterisirung der Tonarten, die sich wohl bei der Mehrzahl der musikalischen Menschen in mehr oder minder ausgesprochener Weise findet (speziell nach Maßgabe der Art und Anzahl der Vorzeichen), gerade die stark gefärbten Tonarten in ihrer Gesamtheit gern als besonders ausdrucksvoll, als überschwänglich (ohne genauere Charakterisirung) angesehen werden. Von diesem Standpunkte, dem rein-subjektiven, aus geurteilt konnte z. B. ein so extremer Seelenzustand, wie er sich in »Isoldens Liebestod« offenbart, nur durch die stärksten Färbungen der Tonarten geschildert werden, freilich wohl nur um die partiturlesenden A u g e n zu befriedigen, nicht die O h r e n; bekanntlich steht jene Scene in H-dur. Ebenso wählte R i c h a r d S t r a u ſs in seinem neusten, seltsamen Werk »Also sprach Zarathustra« die Tonart H-dur, um zu schildern, wie »die Seele der Morgenröte entgegenschwebt«. Aus demselben Grunde wird auch S c h u m a n n sein Lied: »Überm Garten, durch die Lüfte« oder L ö w e den Schluss der Ballade: »Die drei Lieder«, den Siegesjubel über endlich gelungene Rache, oder endlich W a g n e r den Gipfel der verlockenden Sinnenlust im »Tannhäuser« in Fis-dur geschrieben haben u. s. w. Aus denselben subjektiven Erwägungen heraus ist auch die S c h u b a r t sche Analyse des Fis-dur entstanden, welche lautet: »Die Tonart Fis-dur ist geeignet, wilde und starke Leidenschaften darzustellen; Triumph in der Schwierigkeit, freies Aufathmen auf überstiegenen Hügeln, Nachklang einer Seele, die stark gerungen und endlich gesiegt hat, liegt in allen Wendungen dieser Tonart«. Das Urteil wird also, wenn es aus der häufigen Überschwänglichkeit der Texte, welche in diesen entlegenen Tonarten komponiert sind, auf den Charakter der Tonarten selbst schliefst, beträchtlich getrübt werden, und zu einem solchen Fehlschluss kann es sehr leicht verleitet werden.

Ich persönlich habe bisher aufser Des-dur nur noch e i n e der Tonarten mit 5, 6 und 7 Vorzeichen als besonders charakteristisch erkannt, nämlich Es-moll. Ich weise darauf besonders hin, denn wäre der Charakter, welchen ich dem Des-dur beilege, aus willkürlich-subjektiven Momenten, aus dem Gedanken an die vielen Vorzeichen, entstanden, so müssten dieselben Gründe bei den übrigen vorzeichenreichen Tonarten offenbar dieselben Wirkungen hervorbringen. Es mag sein, dass auch in den übrigen Tonarten ein Charakterausdruck nach länger fortgesetzter Übung noch deutlich für mich zu tage treten wird — bisher habe ich den Dur-Tonarten meine Aufmerksamkeit weniger zugewandt, als den Moll-Tonarten, — doch ich will hier nur die Resultate mitteilen, welche ich bisher als einigermafsen sicher erkannt habe.

Recht charakteristisch in seinem Ausdruck scheint mir nun, wie ich soeben erwähnte, das Es-moll. In dieser Tonart ist der spezifische Moll-Charakter am deutlichsten ausgeprägt, das »Verhüllte«, Geheimnisvolle tritt mir hier am auffallendsten entgegen, derart deutlich, dass ich imstande bin, daran die gespielte Tonart zu erkennen. Die Tonart macht mir in dieser Beziehung denselben Eindruck, als ob das dämpfende Pedal des Klaviers längere Zeit geschickt gebraucht wird. Noch weit charakteristischer, ja ich möchte sagen in die Augen springend, scheint mir der Charakter des Es-moll mit dem Klange gestopfter Hörner: als ich bei einer Aufführung der R ü f e r schen Oper »Ingo« ein kräftiges Sforzato gestopfter Hörner hörte, glaubte ich im ersten Moment, Es-moll mit grofser Sicherheit zu erkennen, bis ich bemerkte, dass hier eine Verwechslung zwischen dem Charakter des Instruments und dem Charakter der Tonart vorlag (21. V.). Durch einen Hinweis auf diesen Klang gebe ich für Es-moll eine Definition,

wie ich sie gleich glücklich und treffend für keine andere
Tonart zu geben imstande bin. Freilich wird mir die Erkennung dieser wie anderer Tonarten kaum möglich sein,
wenn Charakter und Tempo des Musikstücks dem von mir der
Tonart beigelegten Charakter diametral entgegengesetzt sind,
so wie etwa in einem sehr bekannten Czardas, dem »Polnischen
Tanz« von Scharwenka, der ebenfalls in Es-moll steht. Der
Charakter des Es-moll scheint mir aber nicht bloſs geheimnis-
voll zu sein, sondern er kann sich geeignetenfalls bis zum Unheimlichen steigern; es liegt dies daran, dass eine gewisse
Wucht, die in den Es-moll-Klängen liegt, und die in dem
alsbald zu besprechenden, benachbarten D-moll ihre höchste
Potenz erreicht, sich dem Geheimnisvollen zugesellt, so dass
mich zuweilen bei gespannter Aufmerksamkeit auf das Charakteristikum der Tonart fast ein Schauder, eine Furcht vor
einem nahenden Entsetzlichen ergreift. Die meinem Gefühl
nach charakteristischste Verwertung der Tonart ist diejenige in
Löwes »Edward«-Ballade. Auch im Vorspiel zur »Götter-
dämmerung« mit der unheimlich-beängstigenden Nornenscene
ist das Es-moll vorzüglich am Platze. Die berühmte »Nonnen-
auferstehung« in Meyerbeers Oper »Robert der Teufel«
würde wohl, in Es-moll geschrieben, einen höheren Eindruck
erzielen, als in der ganz ungeeigneten Tonart C-moll. Die Auffassung Schillings vom Dis- und Es-moll deckt sich übrigens
vollkommen mit der meinen, er sagt: »Wenn Gespenster reden
könnten, so sprächen sie aus diesem Tone.«

Wenn ich nun auch ferner noch von meinen persönlichen
Empfindungen den Tonarten gegenüber ausgehen darf, so habe
ich an erster Stelle das D-moll zu nennen. Während bei allen
übrigen gehörten Tonarten, soweit sie erkennbar sind, erst eine
gewisse Aufmerksamkeit dazu gehört, den Charakter deutlich
zu erfassen, drängt sich mir der des D-moll, sobald ich nur
einigermaſsen günstig disponiert bin, meistens ganz unwillkürlich auf. Ich möchte sagen, er tritt, falls nicht gerade die Aufmerksamkeit stark abgelenkt ist, sofort ins Oberbewusstsein,
während die Charaktere anderer Tonarten meist erst einer ge-

wissen Aufmerksamkeit und Überlegung bedürfen, um deutlich perzipiert zu werden. D-moll hat für mein Gefühl eine innere Wucht, eine so riesengewaltige Kraft und Energie, dass keine andere Tonart auch nur annähernd sich mit ihm in dieser Beziehung messen kann. In einer gewissen Richtung ist es dem Es-moll sehr nahe verwandt, nur dass dieses seine Kraft zurückhält, während das D-moll sie ungehindert dahinströmen und wirken lässt. Der Nachdruck liegt beim Es-moll auf dem Geheimnisvollen, beim D-moll auf dem Erhabenen.

Ich habe das D-moll unter den verschiedenartigsten Umständen erkannt und meist mit einer fast an Gewissheit grenzenden Sicherheit. So erkannte ich bei einer Aufführung der Bachschen H-moll-Messe, also im grossen Chor mit Orchesterbegleitung, zwei D-moll-Akkorde im Andante des »Credo« zu den Worten »Et resurrectionem mortuorum«, die einzigen, die sich — ausser in der G-moll-Arie — im ganzen Werk finden (18. XI. 95). Erst am Tage nach der Aufführung des Werkes sah ich in die Partitur und überzeugte mich, dass mein Urteil mich nicht getäuscht hatte. Auch in blosser Orchestermusik erkannte ich das D-moll mit grofser Sicherheit, so in Tschaikowskys ergreifender H-moll-Symphonie (im fff. des Mittelstücks im ersten Satz). (5. X.).

Ich erkannte ferner das D-moll bei Streichquartett-Musik mit ziemlicher Sicherheit (Schluss des dritten Satzes in Cherubinis D-moll-Quartett*) (4. V.). Zahllos oft erkannte ich die D-moll-Tonart bei Klaviermusik. Selbst auf der Orgel erkannte ich den D-moll-Dreiklang (9. II.). Es ist dies um so charakteristischer, als die Charaktere auf der Orgel und im a-capella-Gesang, wie es scheint, seltener erkannt werden, als auf anderen Instrumenten. So berichtet z. B. Stumpf in seiner »Tonpsychologie« (Bd. II, S. 554) über Robert Franz: »Auch Robert Franz sagte mir inzwischen, dass er die

---

*) Man braucht nicht zu denken, dass der Titel des Werkes hier einen Anhaltspunkt bot. Ich hatte mich vielmehr verspätet, und so waren jene D-moll Takte das erste, was ich von dem Konzert zu hören bekam.

Tonart C-dur, Des-dur u. s. w. bei einem Akkord auf dem Klavier oder im Orchester stets sicher erkannt habe, eigentümlicherweise aber nicht bei der Orgel. Über die absolute Höhe einzelner Töne sei er nie sicher gewesen.«

Ob ich im a-capella-Chorgesang D-moll erkenne, habe ich bisher zu beobachten keine Gelegenheit gehabt. Doch wird mir auch dies sicher möglich sein, wenigstens ist mir der Charakter mehrfach sehr deutlich zu Bewusstsein gekommen, wenn ich als mitwirkender Bassist, also mit Kenntnis der Tonart, den D-moll-Akkord vernahm.

Bemerkenswert ist ganz besonders, dass auf Klavieren, welche zu hoch oder zu tief gestimmt sind, der objektive Charakter des absoluten D-moll, wie auch derjenige der übrigen absoluten Tonarten sich nicht im geringsten ändert, wie ich mehrfach zu konstatieren Gelegenheit hatte.

Am deutlichsten tritt mir der Charakter hervor, wenn im D-moll-Dreiklang der tiefste Ton die kräftig erklingende Dominante ist; am günstigsten ist vielleicht der Akkord A—a—d'—f'—a'. Genau dieselbe Regel gilt für alle anderen charakteristisch erscheinenden Moll-Tonarten, mit Ausnahme des C-moll.

Sehen wir uns nun ein wenig in der Litteratur um, in welchem Zusammenhang und zu welchen Schilderungen das D-moll verwertet worden ist, und ob sich aus dieser Verwertung eine Bestätigung der experimentell gewonnenen Anschauungen ergiebt! Die ganze Wucht des D-moll drängte sich mir zum erstenmal in jener wunderbar getreuen Naturschilderung auf, die wir im Vorspiel zur »Walküre« finden. Die höchste naturalistische Vollendung, welche wir in dieser »Programmmusik,« dieser musikalischen Wiedergabe eines schweren Gewitters in all seiner erhabenen Furchtbarkeit finden, ist nicht nur durch die so genial erdachte und durchgeführte Kombination und Nuancierung des Tonstücks erreicht, sondern meines Erachtens auch durch die Wahl der leidenschaftlich erregten und erregenden D-moll-Tonart, welche wesentlich dazu beiträgt, mich alle Schrecken der empörten Elemente empfinden zu lassen.

Ich sah mich nun nach anderen Gewitter- und Unwetterschilderungen in der Musik um. Ich habe mich nicht etwa bemüht, eine möglichst vollständige Übersicht über derartige Schilderungen zu erhalten, sondern habe nur diejenigen, welche ich im Lauf der Zeit kennen gelernt habe, auf ihre Tonart hin betrachtet: Beethovens Gewitter in der Pastoralsymphonie tobt in F-moll, in derselben Tonart steht die vorzügliche Gewitterschilderung in Schuberts »Junger Nonne« die mir aber auch in der Transposition nach D-moll charakteristischer scheint. Wagner hat dagegen auſser in der »Walküre« auch im »Fliegenden Holländer« ein Gewitter in D-moll geschrieben. (Der in B-dur stehende »Gewitterzauber« im »Rheingold« dagegen kann nicht als Gewitterschilderung betrachtet, deshalb mit den andren nicht in Parallele gestellt werden.) Ebenso hat Weber für das Gewitter in seinem »Oberon« die Tonart D-moll gewählt, auch Lortzing mehrfach in der »Undine«. Auch in Schuberts »Stürmischem Morgen«, sowie in der Sturmschilderung aus der Wolfsschlucht-Scene im »Freischütz« finden wir D-moll. Das eigentliche Gewitter im »Freischütz« ist dagegen in C-moll geschrieben. C-moll ist nun für mein Empfinden der direkteste Gegensatz zu D-moll, eine zwar erhabene, aber ruhige, sanfte Tonart, welche am meisten von allen Molltonarten zum Durcharakter hinneigt. Daher kommt es, dass jenes C-moll-Gewitter in der Ouverture sowohl wie im zweiten Akt des »Freischütz« für mich auch nicht im geringsten etwas Furchtbares, Beängstigendes hat. Es scheint mir so harmlos, so unbedeutend, dass die beabsichtigte dramatische Wirkung für mich verloren geht. Es mag zwar sein, dass die Komposition als solche einen groſsen Teil der Schuld daran trägt, denn für die höchsten dramatischen Wirkungen reichte die geniale Kraft Webers nicht aus, doch fühle ich instinktiv beim Hören, dass auch die Wahl der Tonart völlig verfehlt erscheint.

In C-moll steht auch das Gewitter in Haydns »Jahreszeiten«, die Sturm- und Regenscene in Marschners »Hans Heiling« dagegen in Cis-moll, die Gewitterschilderung in der Ouverture zu Rossini's »Wilhelm Tell« in E-moll.

Wir finden also das immerhin interessante Resultat, dass unter zwölf Gewitter- und Unwetterschilderungen je einmal die Tonarten Cismoll und E-moll, je zweimal C-moll und F-moll und nicht weniger als sechsmal D-moll verwandt ist. Natürlich lässt sich damit nichts beweisen, aber wenn sich derartig starke Abweichungen von den Forderungen der Wahrscheinlichkeitsrechnung zeigen, hat man immer ein gewisses Recht, andre als rein zufällige Momente als mitwirkend zu betrachten. Es ist übrigens gar nicht notwendig, dass die Komponisten mit vollster Überlegung und nach reiflicher Erwägung D-moll als geeignetste Tonart für eine Gewitterschilderung wählten, hier können sehr wohl die sonst so viel missbrauchten »unbestimmten Gefühle« maßgebend gewesen sein, welche das Richtige finden ließen, trotzdem die Erkenntnis dafür wahrscheinlich nur im Unterbewusstsein vorhanden war. Oder will man sich etwa gar zu der Behauptung versteigern, D-moll sei deshalb so häufig gewählt worden, weil es konventionell als geeignete Tonart für eine Gewitterschilderung festgelegt sei?

Ganz besonders kam mir die ungeheure Wucht des D-moll zum Bewusstsein am Schluss des ersten Satzes von Mozarts »Requiem« beim letzten »Kyrie eleison«. — Ich erinnere mich noch, wie mir diese letzten D-moll-Akkorde, als ich sie zum erstenmal mit Orchesterbegleitung hörte (23. XI. 95), viel zu gewaltig, viel zu grandios für eine demütige, wenn auch dringende Bitte um göttliches Erbarmen erschienen. Das war keine Bitte mehr, das war eine Forderung, eine energische, selbstbewusste und frivole Forderung. In jeder anderen Tonart würde die Herbheit des Ausdrucks erheblich gemildert werden.

Noch ein Beispiel! Wenn irgendwo die Ausdrucksfähigkeit des D-moll von mir geradezu schmerzlich vermisst wurde, so war es in dem wunderbaren Chor: »Sind Blitze, sind Donner in Wolken verschwunden?« in der Matthäuspassion, der aber in E-moll geschrieben ist. Die ungeheure Leidenschaftlichkeit dieser Komposition entspricht ausgezeichnet dem Bilde, das ich mir von D-moll mache. Wie grofs war aber mein Erstaunen, als ich bemerkte (31. III) dass, da seit Bachs Zeiten die Stimmung sich fast um einen ganzen Ton erhöht hat, das E-moll aus der Zeit vor 150 Jahren unsrem heutigen D-moll ziemlich entspricht. In E-moll ist der Chor geschrieben, aber in D-moll erdacht. Sollte es nicht überhaupt empfehlenswert sein, unsre alten klassischen Werke in derjenigen Tonhöhe aufzuführen, in welcher sie vom Komponisten erdacht wurden, statt dass wir die rein äufserlichen Vorzeichen der Tonart als unveränderlich betrachten? Sollte aber eine allgemeine Durchführung dieses Prinzips mit zu grofsen Schwierigkeiten verknüpft sein, so wäre es mindestens wohl angebracht die wichtigsten und ausdrucksvollsten Teile der Musikwerke in die vom Komponisten gewollte Tonhöhe zu transponieren. Die Wirkung speciell des genannten Chores dürfte dadurch eine noch gewaltigere werden.

Eine fernere Tonart von ausgesprochenem Charakterausdruck ist Fis-moll. Der Fis-moll-Dreiklang scheint mir auffallend spitz zu sein. An diesem Charakter habe ich Fis-moll bisher am Klavier mehrfach, einmal auch (18. II) im a-capella-Gesang erkennen können, in der Orchestermusik fand ich noch keine Gelegenheit dazu.

Der spitze Charakter des Fis-moll-Dreiklangs kann unter Umständen, wenn nämlich die Nerven etwas empfindlicher sind, als sonst, bei aufmerksamem Hören fast unangenehm gellend werden. Wenn ich mich diesem Eindruck hingebe, so möchte ich ihn vergleichen mit einem eigentümlichen, flimmernden, fahlen Lichtschimmer.*) Es ist freilich möglich, dass dieser Empfindung nicht recht zu trauen ist, dass sie das Produkt einer Suggestion ist. Es war mir nämlich so vorgekommen, als ob die Schilderungen einer Mondnacht mit Vorliebe in Fis-moll erfolgten, daraufhin wandte ich erst dieser Tonart

---

*) Es handelt sich hier nicht um eine Synopsie, sondern nur um eine willkürliche Deutung der Phantasie. Der Eindruck wird nur bei genauer Aufmerksamkeit einigermafsen deutlich.

meine Aufmerksamkeit zu und gewann den bezeichneten Eindruck, zumal ich auch das schon oben (S. 18) citierte Wort
aus Meyers Konversationslexikon von der »fahlen Beleuchtung
der Molltonarten mit Kreuzen« kannte, ein Wort, das ich aber
sonderbarerweise nur für das Fis-moll als ziemlich zutreffend
zu bezeichnen vermag.

Sehen wir uns aber einmal nach den Tonarten um, welche
für Schilderungen von Mondnächten angewandt wurden, so
erhalten wir ein ähnliches Resultat wie vorher für die Ge-
witterdarstellungen; bei Mendelssohn finden wir nicht
weniger als dreimal das Fis-moll für derartige Zwecke angewandt, erstens in der Komposition von Lenaus schönem
»Schilflied«: »Auf dem Teich, dem regungslosen, ruht des
Mondes stiller Glanz«, ferner in derjenigen von Heines
»Neuer Liebe«: »In dem Mondenschein im Walde sah ich
jüngst die Elfen reiten«, endlich in dem einen der »Venetianischen Gondellieder« (Lieder ohne Worte Nr. 12). Gerade diese letzte der angeführten Kompositionen ist charakteristisch; sie betitelt sich nur »Venetianisches Gondellied«,
aber jedermann gewinnt aus der Komposition den Eindruck,
dass damit nur eine Nachtfahrt auf mondbeglänzten Wellen
geschildert sein könne, eine Fahrt bei Tages- oder Däm-
merbeleuchtung wäre sicherlich anders vertont worden. In
Mascagnis sonst recht wertloser Oper »Silvano« finden wir
im zweiten Akt ein Mondschein-Intermezzo bei leerer Bühne,
das nicht nur typisch ist für die überaus geschickte Mache,
den blendend schönen, aber gedankenleeren Stil des talent-
vollen Effektkomponisten, sondern das auch als typisches Beispiel für eine Mondnacht-Schilderung hingestellt werden kann.
Es weiss die eigenartigen Eindrücke einer monddurchleuchteten,
stillen Landschaft in einer überraschend schönen Form und
mit wunderbaren Klangwirkungen wiederzugeben, freilich
merkt man gar bald, dass diese Schilderung nicht einem
warmen, begeisterten Gefühl entquoll, sondern das ungemein
geschickte Produkt einer raffinierten Überlegung ist. Auch
diese eigenartige, interessante »Musiknummer« ist in Fis-moll

komponiert. Ebenso steht B e n d e l s »Fahrt auf der Liebesinsel« in Fis-moll. Sonstige Schilderungen einer Mondnacht in Moll wüsste ich momentan nicht zu nennen,*) sondern nur noch einige Darstellungen in Dur, welche wir aber aus naheliegenden Gründen kaum in Parallele stellen dürfen mit den genannten Mollkompositionen: so ist die berühmte »Mondscheinscene« in N i c o l a i s »Lustigen Weibern von Windsor« in Es-dur, in der Ouvertüre in F-dur geschrieben, M e n d e l s s o h n hat G e i b e l s Gedicht: »Der Mond« in Des-dur komponiert, S c h u m a n n die liebliche E i c h e n d o r f f s c h e »Mondnacht«: »Es war, als hätt' der Himmel die Erde still geküsst« in E-dur wobei allerdings auf die Thatsache aufmerksam gemacht sein mag, dass in diesem Lied Fis-moll-Dreiklänge, zum Teil in aufgelöster Form, eine nicht unbedeutende Rolle spielen.

Es ergiebt sich also die Thatsache, der zwar natürlich ein Wert nicht beigelegt werden kann, die aber doch immerhin nicht uninteressant ist, dass für drei Mondschein-Schilderungen in Dur drei verschiedene Tonarten gewählt sind, während fünf Vertonungen in Moll durchweg in Fis-moll geschrieben sind.

Als Kuriosum will ich endlich noch eine Mitteilung des Redakteurs der »Allgemeinen musikalischen Rundschau«, des

---

*) B e e t h o v e n s berühmte »Mondschein-Sonate« (op. 27 in Cis-moll) können wir nicht hier heranziehen, da B e e t h o v e n nach-gewiesenermafsen dabei nicht an die Eindrücke einer Mondnacht gedacht hat, sondern ein Gedicht von S e u m e: »Die Betende« damit illustrieren wollte. Der Ursprung der Bezeichnung »Mond-schein-Sonate« ist nicht völlig aufgeklärt. Jedenfalls ist das Empfinden, man müsse dabei an Mondschein denken — auch ohne den Titel zu kennen — ein, wie es scheint, sehr verbreitetes und auch bei unbefangenen Personen zuweilen spontanes, ähnlich wie bei dem »Venetianischen Gondellied« in Fis-moll.

Es mag gleich an dieser Stelle erwähnt werden, dass wir gerade B e e t h o v e n s gewaltigste Werke nirgends als Beispiele heranziehen dürfen, da B e e t h o v e n nach seinem Taubwerden um das Jahr 1802 natürlich für o b j e k t i v e Tonarten-Charaktere unempfindlich war. Inwiefern er vorher schon deutliche Charakterunterschiede wahrgenommen hat, lässt sich aus seinen Werken wohl kaum noch feststellen.

Herrn Ertel wiedergeben, der selbst in seinen Ansichten über
Fis-moll wesentlich von den meinen abweicht, gerade deshalb
aber für die folgende Äufserung als unparteiisch angesehen
werden kann. Er schreibt mir nämlich bezüglich der Verwendung des Fis-moll zu Mondscheinscenen: »Ich gebe zu, dass
in geeigneter Verwendung auch diese Tonart den eigenartigen
melancholischen Charakter in sich tragen kann, wie ich z. B.
die Bemerkung gemacht habe, dass gewöhnliche Leute auf
dem Wasser abends häufig in Fis-moll singen.« Herr Ertel
wird ja wohl bestimmte Beobachtungen für diese Behauptung
anführen können, aber ich möchte doch die Bemerkung nicht
unterdrücken, dass gewöhnliche Leute, auch in der elegischsten
Stimmung, in seltensten Fällen in Moll singen werden und
wenn sie es einmal thun, jedenfalls nicht im mehrstimmigen
Gesang, worauf es hier aber allein ankommt. Immerhin ist
Herrn Ertels Mitteilung nicht uninteressant.

Daran anschliefsend sei eine kurze Betrachtung über die
Tonarten der »Nocturnos« gestattet. Chopin, der Erfinder
dieser Kunstgattung, hat seine 19 Nocturnos in den verschiedenartigsten Tonarten komponiert. Daraus lässt sich aber nur
schliefsen, dass er eine Charakteristik der Tonarten nicht kannte
oder anerkannte*), dass man infolgedessen diese seine Kompositionen nicht als Beispiele heranziehen kann. Zu diesem
Schluss ist man wohl um so mehr berechtigt, als gerade er
sich nach meiner Ansicht am allerhäufigsten in der Wahl seiner

---

*) Man wird sich überhaupt sehr vorsehen müssen, wenn man
aus den Tonwerken eines Komponisten Aufschlüsse über objektive
Tonarten-Charakteristik erhalten will. Denn einerseits ist die subjektive Charakterisierung des Komponisten eine nicht seltene Fehler-
quelle, andrerseits ist es selbstverständlich, dass vielen Komponisten
die Wahl ihrer Tonarten ganz nebensächlich und gleichgültig erscheinen wird. Mit derselben Sicherheit, mit welcher man aus der
steten Wiederkehr einer Tonart für den gleichen musikalischen
Gedanken (A-dur für das Lohengrin-Motiv, Des-dur für das Wal-
halla-Motiv etc.) auf eine Charakterisierung der Tonart seitens des
Komponisten wird schliessen können, darf man wohl aus einem
unbegründeten Wechsel der Tonarten für den gleichen musikalischen

Tonarten vergriffen hat; ich erinnere nur an den Des-dur-Satz in seinem Trauermarsch. Bei einem Vergleich der Nocturnos anderer Komponisten zeigt sich dagegen eine nicht geringe Übereinstimmung, eine augenfällige Bevorzugung des Des-dur, Es-dur und besonders As-dur, jedenfalls der b-Tonarten.

Nun, aus diesen Thatsachen lassen sich freilich keine Schlüsse ziehen. Schon der eine Umstand, dass nicht eine bestimmte Tonart, sondern die b-Tonarten in ihrer Gesamtheit, speciell freilich diejenigen mit 3, 4 oder 5 b, für Nachtschilderungen bevorzugt werden, beweist, dass es sich hierbei um eine rein-subjektive Charakterisierung handeln muss. Es ist dies um so wahrscheinlicher, als in der Vorstellung wohl jeder die b-Tonarten für dunkler hält als die #-Tonarten, wenn er überhaupt sich zu einer Entscheidung zwingt, es ist daher klar, dass man für eine Nachtschilderung fast unwillkürlich die b-Tonarten bevorzugen wird.

Es wäre ja nicht uninteressant, die Statistik über derartige musikalische Naturschilderungen zu erweitern bezw. zu vervollständigen, doch da immerhin bei zutreffenden wie abweichenden Fällen Faktoren mitspielen werden, die sich der Berechnung entziehen, so würde die erhebliche Mühe und Arbeit, die eine systematische Durchforschung der Musiklitteratur nach dieser Richtung hin bereiten würde, bei weitem nicht hinreichend gelohnt werden. Es sei deshalb nur noch darauf hingewiesen, wie für die zahllosen Frühlingslieder-Komposi-

Gedanken auf völligen Mangel einer Charakterisierung schliefsen. Ein besonders frappantes Beispiel der letzten Art bietet Humperdincks »Hänsel und Gretel«: der Höhepunkt dieser genialen Märchenoper, welche sich als erstes und einziges neueres Musikwerk würdig neben Wagners gröfste Werke stellen darf, bildet der herrliche »Abendsegen«. Dieser aber ist im Beginne der Ouvertüre in C-dur, im 2. Akt dagegen in D-dur geschrieben. Die Thatsache, dass Humperdinck ein so innig empfundenes, ausdruckvolles Tonstück in zwei verschiedenen Tonarten komponierte, noch dazu in solchen, die meines Erachtens für jene Stimmung ganz ungeeignet sind, beweist wohl, dass für ihn eine Charakterisierung der Tonarten nicht bestehen kann.

6*

tionen im allgemeinen nur ganz gewisse Tonarten in Betracht kommen. Schon in dem dieser Frage gegenüber gewiss unbefangenen Schreiben des Prof. Cart, das oben citiert wurde, fand sich die Angabe, er misstraue seinen grünen Photismen für F-dur und G-dur, »parce qu'on les choisit pour les pastorales«. Wenn man die Frühlingslieder der verschiedensten Komponisten (im Original natürlich) betrachtet, so findet man, dass neben D-dur fast nur die beiden genannten Tonarten, allenfalls auch noch A-dur oder E-dur verwertet werden, trotzdem freilich bei der Überfülle des vorhandenen Materials keine der gebräuchlichen Dur-Tonarten zu finden sein wird, die nicht hier und da auch einmal benutzt sein wird. Interessant ist, dass einer meiner Bekannten, Herr cand. med. Pollack, als ich ihm nur ganz allgemein von Charakteristik der Tonarten sprach, mir spontan angab, Frühlingslieder könne er sich nur in G-dur oder D-dur geschrieben denken, die Verwendung von B-dur z. B. würde ihm »ganz komisch« erscheinen.

Nach diesen ziemlich eingehenden Schilderungen von Charakteren, die ich im Klange einzelner Tonarten deutlich heraushöre, will ich auf einige andere in kürzerer Weise eingehen, teils weil es mir sehr schwer wird, ihren Charakter zu definieren, teils weil ich mich mit ihnen bisher nicht so eingehend beschäftigt habe wie mit den bisher genannten, sodass ihre Charaktere mir teilweise nicht so deutlich sind und nicht selten Verwechslungen unterliegen.

Sehr deutlich ist mir persönlich noch der Charakter von C-moll. Schon bei Erwähnung des Gewitters im »Freischütz« bemerkte ich, dass C-moll mir ungemein sanft und ruhig erscheine, als am meisten zum Dur-Charakter hinneigende Tonart. Dennoch hat sie etwas Erhabenes, Ehrfurchtgebietendes, und ich stimme Herrn Ertel gern zu, wenn dieser sie »die Königin unter den Tonarten« nennt. Am deutlichsten wird mir dieser Ausdruck bei dieser Tonart — im Gegensatz zu anderen — nicht mit der Dominante als Grundton (G, g, c′, es′, g′), im Gegenteil, er verliert sogar bei dieser Verteilung der Töne und bekommt einen etwas erregteren, D-moll-ähnlicheren Charakter, sondern am günstigsten dürfte in diesem Falle wohl der Akkord c, es, g, c' oder c', es', g', c'' sein. Am liebsten höre ich die Tonart C-moll in demütig-frommer, geistlicher Musik angewandt.

Auf dem Klavier habe ich C-moll sehr oft bestimmt, häufig ohne erst zu überlegen, erkannt, einmal auch (27. VI) im Blasorchester (Militärmusik) mit Sicherheit. Auch im Chorgesang war mir der Charakter stets sehr deutlich, sogar im a capella-Gesang.

Erwähnenswert ist noch folgender Umstand: Der entschiedenste Gegner der Lehre von der Charakteristik der Tonarten, den ich bisher persönlich kennen gelernt habe, der Organist an der Lutherkirche zu Berlin, Herr Georg Raphael, äußerte, als ich ihm nur ganz allgemein von einer völligen Verschiedenheit zwischen C-moll und D-moll in meinem Empfinden sprach, allerdings sei ja wohl C-moll »weicher« als D-moll (29. II). Diese eine Thatsache, diese Äußerung eines Gegners scheint mir beweiskräftiger für meine Ansichten, als eine ganze Reihe anderer Punkte zusammengenommen, zumal weder die Vorzeichen noch die Namen beider Tonarten zu einem derartig vergleichenden Urteil führen konnten.

Eine Tonart von scharf ausgeprägtem Charakter scheint mir ferner noch E-moll, das ich mehrfach mit fast absoluter Sicherheit, zuweilen selbst ohne jede Überlegung erkannt habe, und zwar meist bei Klaviermusik, einmal im a capella-Chorgesang (18. II). Ja, sogar in dem ganz ungewohnten Zusammenklang dreier Stimmgabeln, welche den E-moll-Dreiklang mit einander bildeten, erkannte ich das E-moll mit einiger Sicherheit (19. V). Die Definition dieses Charakters ist vielleicht die schwierigste von allen, ich weifs absolut nicht, welche Bezeichnung wohl für diese Tonart auch nur einigermaassen zutreffend ist. Ich würde sie als »romantisch« bezeichnen, wenn ich wüsste, ob das nicht Unzutreffende dieser Bezeichnung nicht das Produkt einer Suggestion ist, veranlasst durch die Erwägung, dass der Romantiker Mendelssohn diese Tonart mit grofser Vorliebe anwendet. Etwas Träumerisch-schwärmerisches liegt im E-moll-

Dreiklang, doch ist es eher herb als weichlich. Wenn ich mich in den Phantastereien eines Schubart und Schilling ergehen wollte, so würde ich sagen, es spricht sich eine hochideale, aber weltschmerzliche Stimmung darin aus; doch ist natürlich eine solche Definition viel zu willkürlich, subjektiv und viel zu spezialisiert, für gewisse Anwendungen, für gewisse Tempi und Rhythmen mag sie zutreffen, jedoch natürlich nicht allgemein.

Ist aber schon die Definition für E-moll etwas willkürlich, so wage ich für die übrigen Moll-Tonarten überhaupt keine Angaben, trotzdem auch sie entschieden im Ausdruck unter einander sowohl, wie von den bisher genannten abweichen. Es kommt mir so vor, als ob sie vielfach eine Mittelstellung einnehmen zwischen den bisher genannten, als ob ihre Charaktere sich zusammensetzen, vermischen aus denen der Extremcharaktere von C-moll, D-moll, Es-moll, E-moll, Fis-moll. Theoretisch liefse sich eine solche Erscheinung durchaus erklären, denn falls es einzelne Töne gäbe, deren physiologische Sonderstellung einer Tonart ihren spezifischen Charakter verleiht, so ist es natürlich, dass ein Dreiklang, dem vielleicht zwei derartige Töne gleichzeitig zu eigen sind, auch einen Mischcharakter annehmen muss.

Besonders deutlich scheint mir ein solcher Mischcharakter im A-moll hervorzutreten, eine Mischung von E-moll und D-moll. Einmal scheint mir dieser, ein andermal jener Charakter im Klang des A-moll hervorzutreten, daher sind auch Verwechslungen des A-moll mit D-moll und E-moll bei mir ziemlich gleich häufig eingetreten, nie aber umgekehrt.

Einen Dreiklang von ganz unbestimmter Eigenart scheint mir das G-moll zu besitzen. Diese Tonart setzt sich zusammen aus Bestandteilen des C-moll und Fis-moll-Charakters, sodass sie fast ganz farblos wird und häufigeren Verwechslungen unterliegt. Trotz dieser beträchtlichen Indifferenz, die ich auf das Gebiet des psychologisch Charakteristischen übertragen, vielleicht als Schwerfälligkeit definieren möchte, ist es mir bereits mehrmals gelungen, ohne jede Überlegung das G-moll mit einiger Bestimmtheit zu erkennen, davon einmal auf dem Flügel (im G-moll-Mazurka von Chopin) und einmal sogar seltsamerweise auf der Orgel, wobei ich in mein Notizbuch die bezeichnende Bemerkung eintrug: »G-moll an unbekannten Ursachen auf der Orgel erkannt (28. II)«.

Der Charakter des H-moll ist wieder schärfer ausgeprägt, wenngleich auch er gemischter Natur ist, indem er neben dem Fis-moll auch dem C-moll nahe verwandt ist. Aus dieser Mischung ergiebt sich jedoch nicht, wie beim G-moll, Charakterlosigkeit, sondern wieder eine eigene Nuancierung, ein etwas weicher Klang, bei dem jedoch das spitze Kolorit des Fis-moll noch deutlich erhalten, wenn auch stark abgedämpft ist. Am liebsten möchte ich den H-moll-Dreiklang als schüchtern oder jungfräulich definieren. Mit völliger Sicherheit habe ich das Wesen dieses Charakters noch nicht erfasst, dennoch ist er zuweilen von wünschenswerter Deutlichkeit. Den Klang H—d'—fis' erkannte ich einst auf dem Klavier ohne jede Überlegung mit Bestimmtheit als H-moll-Dreiklang (26. IV).

Was nun die übrigbleibenden Moll-Tonarten anbelangt, so ist mir ihr Charakter bisher noch gar nicht deutlich geworden. Vom F-moll vermag ich nur zu sagen, dass es neben dem Es-moll dem D-moll an Düsterkeit des Ausdrucks, an Leidenschaftlichkeit und Wildheit zunächst kommen dürfte. Auch die Charaktere von B-moll, Cis-moll und Gis-moll bezw. As-moll dürften mir im Laufe der Zeit noch deutlicher zu Bewusstsein kommen, als dies augenblicklich der Fall ist.

Von den Dur-Tonarten vermochte ich mit einiger Sicherheit ein paar Mal noch B-dur und G-dur zu erkennen. Woran ich B-dur erkannte, wird in einem späteren Kapitel noch behandelt werden. G-dur dagegen erkannte ich wieder ausschliefslich am Charakter und zwar mehrfach. Diese Tonart scheint mir einen ziemlich freundlichen Charakter zu besitzen, aber die Freundlichkeit ist viel zu gutmütig, zu ausdruckslos, G-dur ist wie G-moll kraftlos, unselbständig, ich möchte fast sagen stupide. Diese Definition ist nicht, wie man wohl meinen könnte, stark spezialisiert und übertrieben, da ich die Tonart an diesem Eindruck erkannt habe. . . . Doch ist mein Gefühl für die Eigenheiten der Dur-Tonarten einstweilen noch gar zu wenig sicher, sodass ich für die charakteristischsten Tonarten des Dur-Geschlechtes lieber andere zu Worte kommen lassen will, bei welchen sich das Unterscheidungsvermögen besser entwickelt hat als bei mir bisher.

Da ist zunächst als wichtigste und interessanteste von allen Tonarten E-dur zu nennen. Während wir bei Des-dur trotz der vielfach so auffallenden Übereinstimmung in den Beurteilungen doch noch einige abweichende Definitionen finden, stimmen für E-dur alle Ansichten völlig überein. Ausnahmslos wird diese Tonart als eine heitere und ungemein helle bezeichnet. Eine Zusammenstellung der vorhandenen Urteile wird dies beweisen: Herr Ertel bezeichnet E-dur ausdrücklich als »hellste Tonart«, Schilling sagt in seinem Lexikon (Bd. II S. 558): »Offenbar hat E-dur, so wie H-dur, unter allen Tonarten die grellste Färbung; es ist zu vergleichen mit dem brennenden Gelb und der lichten Feuerfarbe.« Fast genau dasselbe sagt Hand, der sonst manchmal nicht unerheblich von Schilling abweicht (Ästhetik der Tonkunst Bd. I S 216): »E-dur, eine der hellsten, stärksten Farben, vergleichbar mit brennendem Gelb.« Also auch hier der Gedanke an Feuer. Es sei daran erinnert, dass unter den vier deutlichsten Tonarten-Synopsieen des Prof. Cart E-dur mit der Bezeichnung »rot« fungierte. Es sei ferner daran erinnert, dass der »Feuerzauber« in der »Walküre«, diese unerreichte Programmmusik, diese wunderbare musikalische Wiedergabe tanzender Flammen, ebenfalls in E-dur geschrieben ist. Berlioz bezeichnet E-dur als »glänzend, prachtvoll, edel«. Selbst Marx, dessen Empfinden sonst so durchaus subjektiv ist, der in Befolgung seines »Gesetzes der Polarität« stufenweise eine Steigerung der #-Tonarten nach der Anzahl ihrer Vorzeichen erwartet, sagt bezeichnenderweise (a. a. O. S. 361): »E-dur erglänzt in überraschender, nach dem Stufenmafse nicht zu erwartender Helle« und weiterhin (S. 364) über den Charakter dieser Tonart, dass er »funkelnd, hell emporsteigt, mit durchgreifender Wärme, heiter und leuchtend wie lauteres Gold. Noch ist ihm in keiner Komposition voll genügender Ausdruck geworden, auch in der Fidelio-Ouvertüre bei weitem nicht. Wenn einmal in einer künftigen Oper Otto der Dritte in Rom die Kaiserkrone neu auf seinem jugendlichen Haupte befestigt, könnte nur E-dur in seiner heiteren Sonnenpracht erschallen.« Gerade von Seiten Marx' ist eine derartige Beurteilung äufserst charakteristisch. Wenn sogar er derartige Äufserungen thun kann, so muss man vermuten, dass nur ein sehr deutlicher objektiver Charakter im stande ist, die Verbohrtheit seines subjektiven Empfindens zu überwinden. Ebenso beachtenswert ist es, dass Herr Organist Raphael, der, wie erwähnt, ein entschiedener Gegner der Tonarten-Charakteristik ist, ohne irgendwie durch mich beeinflusst zu sein, mir gerade E-dur als »hell« bezeichnete. Rochlitz in seinem Werk: »Für Freunde der Tonkunst« bemerkt auf Seite 154, trotzdem er sich sonst gar nicht mit Tonarten-Charakteristik beschäftigt, über eine Arie in Händels »Messias«: »Alles ist übrigens in dieser Arie höchst einfach, aber auch alles gediegen und zum Ganzen passend; selbst die Tonart: das helle, sanftheitere E-dur«.

Alle diese Thatsachen neben einander gehalten sind von fast erdrückender Beweiskraft. Will man hier etwa auch an zufällige Übereinstimmungen glauben? So seltsam spielt der Zufall nicht. . . !

Eine Tonart, welche nicht minder eigenartige Übereinstimmungen der Urteile bietet, ist das benachbarte F-dur. Mit einer einzigen Ausnahme, welche aber sicher auf subjektive Empfindung zurückzuführen ist (Herr Blau bezeichnet sie als »griesgrämig«), wird ihr durchweg ein ruhiger und beruhigender, fröhlich-heiterer, zuweilen pastoraler Charakter zugeschrieben. Besonders bezeichnend für ihren Ausdruck ist eine Äusserung von Hand, welcher überhaupt mehrfach recht glückliche Aussprüche that; dieser sagt in seinem mehrfach citierten Werke auf S. 228: »Rombergs Glocke des Friedens konnte nur in F-dur verhallen«. Recht passend scheint mir für sie auch die

grofse Rolle zu sein, welche sie in Humperdincks »Hänsel
und Gretel« spielt, gerade in den Kinderweisen — wenigstens
nach der Ansicht, welche ich mir infolge vieler fremder Urteile vom Charakter des F-dur gebildet habe, denn zu erkennen
vermochte ich F-dur an seinem heiteren Charakter erst einmal
(18. XI). Verfehlt dürfte jedenfalls, wie Herr Ertel in seinem
Aufsatz in der »Kritik« vom 4. Juli 1896 richtig bemerkt, die
Verwendung des F-dur zur Schilderung des Siegesjubels am
Schluss der »Egmont«-Ouvertüre sein. Ertel wünscht hier
E-dur zu hören, wie ihm auch für den Beginn E-moll passen-
der erscheint; auch C-dur würde die Stimmung bei einigermafsen geänderter Auffassung richtig wiedergeben können.
F-dur ist jedenfalls eine Tonart, deren Sonderstellung besonders ausgeprägt sein muss. Herr Michaelis z. B. vermag
nicht willkürlich jeden geforderten Ton zu singen, durch Anstrengung des Gedächtnisses aber gelingt es ihm »sehr häufig,
geraden diesen Akkord (F-dur-Dreiklang) und nur diesen« zu
finden. Ebenso vermag ein anderer meiner Bekannten, Herr
stud. math. et rer. nat. Alfred Hauck, nur die F-dur-Tonart
am Klange zu erkennen, und zwar, wie es scheint, in allen
Instrumentierungsnuancen.

Zwei Tonarten, die objektiv sehr viel Ähnlichkeit mit einander haben dürften, sind Es-dur und C-dur. Die Definitionen
für Es-dur lassen sich freilich in zwei sehr verschiedene Teile
spalten, die vielleicht beide Recht haben, denn Es-dur dürfte
neben C-dur diejenige Tonart sein, welche ihren Charakter
zumeist zu variieren vermag; Hand nennt sie, meines Erachtens mit Recht, die »vieldeutigste Tonart.« Zuweilen wird
ihr ein glänzender Charakter zugeschrieben, welcher dem des
Des-dur nahe kommt, worauf auch ihre vielfache Verwertung
für brillante Klavierkonzerte (als berühmteste seien Beethovens
Es-dur Konzert, Webers Es-dur Polonaise, Lists Es-dur
Konzert genannt) hindeutet. Doch scheint diese Auffassung
subjektiven Erwägungen zu entspringen und sich infolge dessen
nur bei Personen mit absolutem Gehör zu finden, indem unwillkürlich berücksichtigt wird, dass die meisten heut zur Ver-

wendung gelangenden Trompeten in Es gestimmt sind, so dass
Es-dur die bevorzugte Tonart aller Blechinstrumente, sowie
der Militärmusik ist. Der objektive Charakter des Es-dur, den
auch ich unbestimmt, aber nicht undeutlich zu empfinden
vermag, scheint ein besonders ernster, zuweilen weihevoller,
frommer zu sein. Er ist meines Erachtens dem des C-moll
sehr ähnlich,*) obwohl Schilling ausdrücklich sagt (a. a. O.
Bd. II S. 267) »Es-dur und C-moll, obschon äufserlich verwandte Tonarten, haben innerlich doch wenig gemein«. Der
»erhabene Ernst«, welchen Schilling dem Es-dur im Gegensatz zu dem »würdigen Ernst« des B-dur zuspricht, scheint
die Tonart für Choräle besonders geeignet zu machen, in
denen das feste Gottvertrauen besonders betont wird. Den
Choral: »Ein feste Burg ist unser Gott« könnte ich mir nur
in Es-dur geschrieben denken, wie ja auch Meyerbeer diese
Tonart für ihn in der »Hugenotten«-Ouvertüre gewählt hat,
während Wagner im »Kaisermarsch« sich zur Wiedergabe
für B-dur entschieden hat. Auch andere Tonwerke, welche
die Stimmung religiöser Weihe wiedergeben wollen, vor
welcher der Mensch in seiner Kleinheit andächtig schweigen
muss, bevorzugen Es-dur, so Haydn im ersten Chor der
»Schöpfung«: »Und der Geist Gottes schwebte auf der Fläche
der Wasser« oder Wagner zur Schilderung des Urzustandes,
der ewig gleichen Ruhe im Vorspiel zum »Rheingold«. Auch
ist das erhabene Es-dur vortrefflich geeignet für die nieder-
schmetternde Wucht der ungeheuren Posaunenchöre des
jüngsten Gerichts, welche wir im »Tuba mirum« des Berliozschen »Requiem« finden.

Auch über den Charakter des C-dur sind die Ansichten
mehrfach geteilt, und zwar dürfte diese Tonart am meisten
zur Entstehung subjektiver Eindrücke Anlass geben. Die Bezeichnung des Tonarten-Charakters als »unschuldig«, welche
wohl keinem als ganz unzutreffend erscheint, ist selbstverständ-

---

*) Es ist dies der einzige Fall, dass mir die Tonarten beider
Geschlechter mit gleichen Vorzeichen ähnlichen, ja überhaupt kom-
mensurablen Charakter zu haben scheinen.

lich rein-subjektiven Ursprungs, hervorgerufen durch die Erinnerung an die ausschliefsliche Verwertung weifser Tasten im
C-dur des Klaviers. Ebenso beruht die mehrfach sich findende
Definition »trivial« natürlich auf der Vorstellung, dass An-
fänger im Klavierspiel fast ausschliefslich die Tonart C-dur,
da sie die »einfachste« ist, zu benutzen pflegen. Der objektive
Charakter dagegen muss dem des Es-dur in vielfacher Beziehung sehr ähneln, nur dass der Schwerpunkt im Es-dur auf
der ernsten Seite, im C-dur in der Gröfse liegt. Es-dur, das
wohl zumeist von allen Dur-Tonarten zum Moll-Charakter
neigt, ist mehr subjektiv, mehr für Empfindungen passend,
C-dur mehr objektiv und für Betrachtungen geeignet. Beide
sind für religiöse Stimmungen, für Schilderungen der göttlichen
Gröfse gut passend, doch Es-dur mehr für andächtige, C-dur
mehr für freudige Gefühle. So bietet für Beethovens be-
rühmtes Lied: »Die Himmel rühmen des Ewigen Ehre« und
für den bekannten Chor der »Schöpfung«, welcher fast mit
genau den gleichen Textworten beginnt, beidemal C-dur die
geeignetste Stimmung, ebenso für den glänzenden, überwälti-
genden Siegesjubel im Schlusssatz von Beethovens C-moll-
Symphonie. Auch darüber dürfte die Meinung nirgends geteilt
sein, dass die weltberühmten Worte: »und es ward Licht« in der
»Schöpfung« nur in C-dur komponiert gedacht werden können,
dass sie in jeder anderen Tonart an Wirkung nicht unerheblich
einbüfsen würden. Auch in dieser Vorstellung wirken sicherlich subjektive Faktoren mit, Gedanken an »unschuldigen« oder
»ungefärbten« Charakter, doch da wir es hier mit einer allgemein verbreiteten Assoziation zu thun haben, wird in der
musikalischen Praxis mit einer solchen Assoziation ebenso zu
rechnen sein, als wenn man es mit einem nachgewiesenen objektiven Charakter zu thun hätte.

G-dur ähnelt recht sehr dem F-dur, nur das Kraftvolle
dieser Tonart macht einem Weichen, »Kindlichen« (Marx)
Platz, das sich für mich persönlich, wie oben geschildert
wurde, in sehr drastischer Weise zuspitzt. Die Empfindung
des Herrn Michaelis, dass G-dur für Volkslieder besonders

geeignet sei, ist zwar zweifellos subjektiv entstanden, hat aber auch wohl objektiv Berechtigung: in Silchers Volkslieder-Sammlung z. B. spielt G-dur die hervorragendste Rolle.

Die letzte Tonart, welche noch kurz besprochen werden mag, ist As-dur. Ich vermag es nicht zu entscheiden, ob das ausgesprochen Dunkle, Nächtige, das dieser Tonart fast überall zugesprochen wird und das sie zur geeignetsten Nocturno-Tonart oder für »Gräberstimmung« geeignet macht, ausschliefslich subjektiven Vorstellungen entspringt oder ob auch objektiv etwas Wahres daran ist. Ich würde mich entschieden für die erstere Vermutung aussprechen, wenn nicht zwei Aussprüche, welche sicher auf unbefangenen Empfindungen beruhen, für die letztere Möglichkeit sprächen. Die erste dieser Beobachtungen ist die von Professor Cart mitgeteilte, wonach As-dur diejenige Tonart ist, welche ihm neben C-dur den deutlichsten Farbeneindruck und den schärfsten Charakter zu besitzen scheint. Der andere Ausspruch stammt von Marx und bildet ein Pendant zu seiner Ansicht über E-dur (a. a. O. S. 361): »As-dur ist tiefer in Nachtdunkel und Kälte gesunken, als man vom zweiten Schritte nach B-dur hätte erwarten dürfen.« Wagner lässt den bekannten Gesang der Rheintöchter in den dunklen Tiefen des Rheins stets in As-dur erschallen.

Für die vier übrig bleibenden Tonarten gehen die Ansichten weiter auseinander, auch werden sie selten als sehr charakteristisch bezeichnet, so dass sich ein sicherer Durchschnittstypus schwerer aufstellen lässt, als für die übrigen Tonarten. H-dur und Fis-Ges-dur sind wahrscheinlich ziemlich lebhaft, A-dur bildet ein Mittelglied zwischen E-dur und G- oder F-dur, die Urteile über D-dur dagegen scheinen fast überall subjektiv beeinflusst zu sein.

Dies sind die Urteile über die vorhandenen Tonartencharaktere, die sich mit einiger Sicherheit einstweilen geben lassen. Es mag sich hier oder da herausstellen, dass einige der mitgeteilten Vermutungen unhaltbar sind, auf Autosuggestion beruhen. Aber auf alle besprochenen Tonarten-Charaktere kann der Standpunkt des Skepticismus sicherlich nicht Anwendung finden. Sollte es sich jedoch selbst herausstellen, dass diese oder jene Tonart hier nur subjektiv charakterisiert worden ist, so würden bei der vielfachen Verbreitung derartiger Vorstellungen die Ergebnisse praktisch doch auf dasselbe herauskommen: die musikalische Komposition müste auch den weitverbreiteten Anschauungen Rechnung tragen, selbst wenn die Objektivität der Charaktere nicht bestände.

Einwände gegen die objektive Charakteristik.

Gegen eine objektive Charakteristik, wie sie im vorhergehenden Kapitel verteidigt und in ihren Grundzügen dargestellt wurde, lässt sich noch eine Reihe recht gewichtiger und beachtenswerter Einwände erheben, deren Berechtigung einer eingehenden Kritik zu unterziehen ist.

1. An erster Stelle wird man die Thatsache ins Feld führen, dass im Lauf der Jahrhunderte die Stimmung stetig in die Höhe gegangen ist, so dass die absoluten Tonhöhen der Töne und der Tonarten recht beträchtlichen Schwankungen unterlegen sind. Selbst gleichzeitig differierte lange Zeit hindurch die Stimmung des Grundtons a' in verschiedenen Städten, ja in verschiedenen Orchestern einer und derselben Stadt recht beträchtlich.

So war die Schwingungszahl des a' in Berlin zu verschiedenen Zeiten die folgende:

1752	422
1806	$430^{1}/_{2}$
1814	$430^{1}/_{2}$
1830	440
1834	$441^{1}/_{2}$
1838	452

In Paris kann man auf eine noch längere Beobachtungs-
zeit zurückblicken, da schon Lully die Schwingungen des
Tones a' maſs. Hier waren die gefundenen Zahlen die
folgenden:

1680	404
1699	404
1713	406
1774	410
1807	420
1810	423
1829	430
1830	436
1839	441
1858	448

In Petersburg stieg die Stimmung des C, welchem heut
131 Schwingungen zukommen, folgendermaſsen:

1730	118
1771	125
1796	131
1858	141

Es handelt sich also um recht beträchtliche Differenzen,
die Stimmung hatte sich bis 1859 in kaum 200 Jahren um etwa
einen ganzen Ton erhöht. Und die Verhältnisse wurden immer
komplizierter: so wurde noch 1861 zu Dresden in einem
Orchester die Schwingungszahl des a' zu 425, in einem anderen
dagegen zu 446 bestimmt, während derselbe Ton im gleichen
Jahre zu Wien gar bis auf 466 Schwingungen in die Höhe
getrieben war.

So war also die Fixierung des Stimmtons eine völlig willkürliche, trotzdem schon Sauveur eine internationale Verein-
barung über ein c" von 512 Schwingungen angeregt hatte,
»bis Frankreich auch hier ein musikalisches Sebastopol brach,«
wie Hand sich ausdrückt. Durch Dekret vom 16. Februar
1859 wurde in Frankreich dem Normalton a' eine Zahl von 440
Schwingungen zugewiesen, in Deutschland entschied man sich
nicht viel später für ein a' von 435 Schwingungen. Andere

Länder folgten, so dass nun für alle Zeiten die Höhe der Töne und Tonarten fixiert ist, wobei nur unerhebliche Differenzen zwischen den einzelnen Ländern noch bestehen.

Dass man unter solchen Umständen einzelnen Tonarten bestimmte Charaktere beilegte, ohne dass man die betreffenden Definitionen mit der Erhöhung der absoluten Tonhöhen änderte, musste natürlich gegen jede Möglichkeit einer objektiven Charakteristik von vornherein misstrauisch machen, zumal wenn man aus der Verwertung einer und derselben Tonart für gleiche Schilderungen in den verschiedensten Zeiten Schlüsse ziehen wollte auf die Realität einer objektiven Tonarten-Charakteristik, wie es z. B. Vischer that (Bd. 3, II S. 877): »Andererseits wird durch den seit Jahrhunderten konstanten Gebrauch einzelner Tonarten für gewisse musikalische Stimmungs- und Ausdrucksweisen der Gedanke jedoch immer nahe gelegt, ob nicht in der Lehre von den Tonartencharakteren irgend etwas wahr sein möge . . . . . .« Leider führt Vischer keine Beispiele an, so dass ich nicht weifs, auf welche Thatsachen er sich mit dieser Äufserung bezieht*). Sicherlich aber könnte er nur ganz vereinzelte Fälle anführen, aus denen aber noch nichts folgt, denn natürlicherweise können subjektive Charaktere gleichbezeichneter Tonarten in den verschiedenen Jahrhunderten konstant geblieben sein, aber auch nur diese.

Herr Professor Dr. Karl Stumpf von der Berliner Universität, unser verdientester Tonpsychologe, meinte mir gegenüber, man müsse doch unbedingt die Existenz objektiver Charaktere beweisen bezw. widerlegen können, wenn man die der absoluten Tonhöhe (nicht dem Namen) nach korrespondierenden Tonarten in den Definitionen Matthesons, Schubarts, Schillings etc. vergliche. Ich habe auch einen solchen Vergleich versucht, doch zeigte das Resultat neben gut übereinstimmenden auch conträr entgegengesetzte Beurteilungen.

*) In erster Linie wird wohl das F-dur in Betracht kommen, das jahrhundertelang ungewöhnlich häufig angewandt wurde.

Es ist dies auch ganz natürlich, da wir weder genau wissen können, nach welcher Stimmung des a' die einzelnen Tonästhetiker ihre Tonarten beurteilen, noch auch inwieweit die älteren Charakterdefinitionen subjektiv oder objektiv waren, wir können deshalb keineswegs mit einiger Sicherherheit konstatieren, ob der objektive Charakter der absoluten Tonarten damals anders beurteilt wurde, als heutzutage. Der Einwand jedenfalls ist ganz und gar nicht beweisbar. Völlig verkehrt und übereilt aber ist es, wenn z. B. Zellner in seinen »Vorträgen über Akustik« zwei oder drei besonders seltsame Definitionen Matthesons, Schubarts und Schillings herausgreift, sie miteinander vergleicht, die Abweichungen und Widersprüche hervorhebt, die eben umsoweniger überraschen können, als man es der absoluten Tonhöhe nach mit ganz verschiedenen Tonarten zu thun hat, dann infolge dieser drei Widersprüche den Stab über die ganze Lehre von der Tonarten-Charakteristik bricht und nun die Lauge seines Spottes darüber ergiefst.

2. Ein fernerer Einwand, der gegen die Möglichkeit einer objektiven Tonarten-Charakteristik erhoben werden kann, ist der folgende: Gesetzt den Fall, dass thatsächlich gewisse Töne durch physiologische Prozesse irgend welcher Art einen charakteristischen Klang erlangen, so könnte es doch immer nur ein Ton von ganz bestimmter Schwingungszahl sein, welcher eine Sonderstellung einnimmt, — ich möchte die betreffenden Schwingungszahlen als »merkwürdige Schwingungszahlen« bezeichnen. Sobald die Schwingungszahl auch nur um wenige Schwingungen differiert, muss, wie man meinen könnte, das Charakteristische des Tones wie der Tonart verschwinden. Nun aber wird das a' unserer Klaviere wie unserer Orchestermusik etc. keineswegs immer genau 435 Schwingungen betragen, sondern bald ein wenig zu hoch, bald ein wenig zu tief gestimmt sein; und doch soll der Charakter der Tonarten sich nicht ändern? Wie soll das erklärt werden? Und wie geht der Übergang aus dem Charakter einer Tonart in den der benachbarten von statten?

Bähr sagt in seinem 1882 erschienenen Werk: »Das Tonsystem unserer Musik« (S. 168) folgendes: »Man wird doch nicht etwa annehmen wollen, dass etwa in der Mitte von a und as, also bei dem Übergange von 424 zu 423 Schwingungen, der Charakter von a nach as umschlage! Wo liegt denn aber die Grenze? Wo liegt der Übergang? Oder soll jeder der zwischen a und as liegenden Töne wieder einen besonderen Charakter haben? Das wäre doch des Charakteristischen etwas zu viel.«

Nun, die Erklärung ist ziemlich einfach. Wir werden natürlich anzunehmen haben, dass nicht nur derjenige Ton, welcher genau einer in Frage kommenden »merkwürdigen Schwingungszahl« entspricht, charakteristisch beeinflusst wird, sondern auch die unmittelbar benachbarten höheren und tieferen Teiltöne. Sehen wir doch, dass der Eigenton des menschlichen Ohres nicht nur eine einzige, der vierten Oktave angehörige Schwingungszahl hervortreten lässt, sondern dass er eine umfangreiche Region, die ganzen Töne von e'''' bis g'''', charakteristisch zu färben vermag. Aus diesem Grunde wird der Charakter einer Tonart sich kaum ändern, wenn die Stimmung um geringe Werte, etwa $1/4$ oder $1/2$-Viertel Ton nach oben und unten variiert. Auch wird in einer bestimmten Lage, wenn nämlich der charakteristische Ton genau eine der »merkwürdigen Schwingungszahlen« aufweist, sicherlich ein Optimum des Charakters auftreten müssen. Wir werden selbstverständlich nicht anzunehmen haben, dass alle Tonarten in der genauen Normalstimmung die Charaktere am deutlichsten hervortreten lassen. Für jede Tonart wird das Optimum der Charakteristik vermutlich eine andere Normalstimmung erfordern; um Experimente nach dieser Richtung hin zu unternehmen, fehlte es mir jedoch bisher an Zeit wie an Mitteln. Doch würden derartige Untersuchungen, in gewissenhafter Weise ausgeführt, die Resultate der vorliegenden Arbeit in dankenswertester Weise erweitern.

Jedenfalls hat die Hypothese eines Optimums der Charakteristik sehr viel Wahrscheinlichkeit für sich. Im übrigen möchte ich auch behaupten, dass manche Tonarten, die der absoluten Höhe nach benachbart sind, die also vermutlich an dem Wirkungsgebiet eines charakteristischen Tons beide gleichzeitig partizipieren, entschieden ähnliche Züge miteinander aufweisen. So wurde schon oben darauf hingewiesen, dass der aufgeregte und tiefernste Charakter des D-moll im Es-moll unverkennbar wiederkehre, aller sonstigen Verschiedenheiten der beiden Charaktere ungeachtet. Theoretisch, oder besser hypothetisch, wird man annehmen dürfen, dass die »merkwürdige Schwingungszahl«, welche jenen Charakter bedingt, ins absolute D-moll bezw. zwischen das absolute D-moll und Es-moll, jedoch näher ans D-moll fällt, so dass die Charaktere beider Tonarten sich in einer wichtigen Beziehung zu decken vermögen.

Ebenso scheint mir persönlich der spitze Klang des Fis-moll in stark abgeschwächtem Mafse im G-moll wiederzukehren. Es muss bemerkt werden, dass die Ähnlichkeiten dieser benachbarten Tonarten mir erst auffielen, nachdem ich mir für ihre Charaktere Definitionen aufgestellt hatte. Ebenso ist der sanfte Charakter des C-moll entschieden auch im H-moll vorhanden, wenngleich er hier nicht die Erhabenheit jener andren Tonart aufweist; doch habe ich infolge dieser Ähnlichkeit die beiden Tonarten nicht selten mit einander verwechselt. Auch scheinen die Tonarten E-dur und F-dur den ungewöhnlich heiteren, C- und Des-dur den glänzenden, G- und As-dur den ruhigen Charakter bis zu einem gewissen Grade gemeinsam zu haben.

Zum Schluss dieses Abschnitts sei noch ein Zahlenbeispiel angeführt, um zu zeigen, wie stark die Töne eines Dreiklangs unbedenklich verstimmt werden können, ohne dass der Charakter der Tonart darunter leidet. Es wird weiter unten berichtet werden, dass ich einst den entlegenen Es-moll-Dreiklang, auf drei Stimmgabeln angegeben, an seinem Charakter erkannte. Die Schwingungszahlen dieser drei Gabeln waren aber 620, 735, 912, der genaue Es-moll-Dreiklang hat dagegen die Schwingungszahlen 626, 733, 940, weist also zumal

7*

für die Dominante eine wesentlich andere Zahl auf. Den Ton
mit der Schwingungszahl 620 als Grundton angenommen,
müsste der entsprechende Moll-Dreiklang die Schwingungszahlen 620, 725, 930 besitzen. Daraus folgt, dass die Abweichung eines Tones von der Normalstimmung, sowie von der hypothetischen »merkwürdigen Schwingungszahl« recht grofs sein kann, ohne dass der
Charakter der Tonart darunter leidet.

3. Weniger einen Einwand gegen die objektive Charakteristik, als einen Versuch, auf subjektivem Wege die im Klang
wahrgenommenen Charakterunterschiede der Tonarten zu erklären, stellt der folgende Punkt dar.

Man könnte glauben, dass die Erkennung einer gespielten
Tonart stets durch ein mehr oder weniger ausgebildetes
absolutes Gehör ermöglicht wird, und dass man erst nach
der Erkennung der Tonart dieser den angeblichen Charakter,
den man ihr zuzuschreiben geneigt ist, unwillkürlich unterlegt,
ihn in sie hineinhört. Der scheinbar objektive Charakter
wäre also nichts anderes als das Produkt einer Autosuggestion.

Demgegenüber aber ist folgendes zu bemerken: Ich erwähnte oben, dass ich die D-moll-Tonart mit grofser Sicherheit an ihrem Charakter zu erkennen imstande sei. Wird aber
der Ton d, f oder a allein angegeben, oder auch der Dreiklang
in aufgelöster Form nacheinander, so lässt mich mein Urteil
völlig im Stich, ebenso wenn ich den D-dur-Dreiklang höre.
Diesen Thatsachen gegenüber muss die Hypothese eines »unter-
bewussten absoluten Gehörs«, die man ad hoc konstruieren
könnte, und die übrigens bei näherer Betrachtung zu Zirkel-
schlüssen führen muss, vollkommen versagen. Und genau das
gleiche empfinde ich bei allen übrigen, für mich erkennbaren
Tonarten.

Auch sind es nicht etwa Bewegungen der Kehlkopf-
muskulatur, welche mein Urteil über die Tonart diktieren.
Vielmehr tritt dies Urteil völlig spontan und unmittelbar auf,
höchstens in zweifelhaften Fällen suche ich absichtlich

durch Nachsingen des Grundtons mein schon früher gefälltes Urteil zu festigen. Doch muss ich bemerken, dass dies Nachsingen unter allen Umständen ein sehr zweifelhaftes Hilfsmittel für mich ist, da der tiefste und höchste mir verfügbare, deutliche Ton, je nach Disposition und Witterung, nicht unerheblich schwankt, und ich im übrigen über die absolute Höhe eines von mir gesungenen Tones noch niemals auch nur einigermaßen sicher gewesen bin.

Man könnte nun noch vermuten, ich hätte vielleicht ein »partielles« absolutes Tongedächtnis, d. h. ein solches für nur einen Ton. Bei dieser Voraussetzung könnte man dann weiter folgern, dass mein Erkennen der Tonarten sich so vollzieht, dass ich durch unbewussten Vergleich des Grundtons mit jenem Ton ein Urteil über die Tonart gewinne und dann — ebenfalls unbewusst — den subjektiv konstruierten Charakter der Tonart in den objektiven Klang derselben hineineskamotiere. Diese Erklärung aber ist so gekünstelt und unwahrscheinlich, dass ich sie garnicht erwähnen würde, wenn mir nicht der Einwand thatsächlich gemacht wäre. Zu erwidern ist darauffolgendes:

Gewiss kommen »partielle« absolute Tongedächtnisse der gewünschten Art nicht selten vor. Ich selbst kenne mehrere Herren, die einen einzigen bestimmten Ton, meist a' (durch häufiges scharfes Aufmerken beim Stimmen der Violine oder bei einem Stimmgabelton) so im Gehör haben, dass sie ihn jederzeit nach einigem Nachdenken richtig und mit Sicherheit anzugeben vermögen. Eine solche Fähigkeit aber habe ich nicht; ebensowenig wie ich irgend einen einzelnen Ton mit Sicherheit zu erkennen vermag, besitze ich eine auch nur einigermaßen sichere Reproduktionsfähigkeit für irgend welche Töne und Tonarten, trotz häufigen Versuchens. Aber wenn man selbst voraussetzen wollte, ich besäße vielleicht ein »unbewusstes, partielles, absolutes Tongedächtnis«, so würde doch jedenfalls mit Notwendigkeit daraus folgen, dass ich Dur-Tonarten ebenso leicht erkennen müsste, wie Moll-Tonarten Auch muss ich bemerken, dass mein Intervallurteil, so lange ich es nicht durch Nachsingen festige, keineswegs fehlerlos funktioniert, dass ihm zuweilen bedenkliche Schnitzer unterlaufen. Selbst der Ton meiner Stimmgabel vermag, wenn er nicht in die Harmonie einer gehörten Tonart fällt, mich zuweilen erst nach mehrfach wiederholten Versuchen die Tonart erkennen zu lassen, da ich beim Anhören eines Klanges einen vorher ins Bewusstsein getretenen unharmonischen Ton momentan vergesse und nur mit gröfster Mühe und bei gespannter Aufmerksamkeit festzuhalten vermag. Dass unter solchen Umständen nicht an die schreckliche Kombination eines unbewussten absoluten Gehörs mit unbewusstem Intervallschätzen und einer unbewussten Charakterunterlegung gedacht werden kann, liegt auf der Hand.

Auch wäre vielleicht noch die Möglichkeit vorhanden, dass ich nur Dreiklänge, die ich früher einmal gehört und mir gemerkt, beim abermaligen Hören wiedererkenne. An und für sich ist diese Möglichkeit nicht ausgeschlossen: wenn ich z. B. am Klavier sitze und mir C—c—as—c'—f" angebe, also einen F-moll-Akkord, so erinnert mich lediglich der Klang an den Beginn der Arie: »In deines Kerkers tiefe Nacht« aus Verdis »Troubadour», die ich früher öfters auf dem Klavier spielte; sie steht in F-moll, wenngleich sich die genannte Klangkombination nicht darin findet. Aber abgesehen davon, dass die Empfindung sich nur einstellt, wenn ich selbst am Klavier sitze, während ich sonst F-moll kaum zu erkennen vermag, sind irgend welche weitergehenden Schlüsse aus dieser Beobachtung unzulässig, erstens einmal, weil ein derartiger Prozess sich unmöglich abspielen könnte, ohne deutlich ins Bewusstsein zu gelangen, zweitens aber auch wegen einer anderen Thatsache, die ich bereits andeutete, auf die genauer einzugehen ich jedoch bisher leider keine Gelegenheit hatte:

Am 19. und 20. Mai 1896 war mir Gelegenheit gegeben, eine Kollektion kleiner Stimmgabeln zu benutzen, welche Professor Stumpf gehörten. Ich stellte mir daraus annähernd reine Moll-Dreiklänge zusammen und suchte nun in diesen Klängen, welche mir also vollkommen neu und ungewohnt waren, die

Tonarten zu erkennen. Am ersten Tage gelang es mir, E-moll richtig zu erkennen, während ich den Es-moll-Dreiklang als D-moll angab; diese Verwechselung zwischen den beiden ähnlichen Tonarten passiert mir, wie ich erwähnte, selbst auf dem Klavier nicht selten. Am nächsten Tage dagegen gelang es mir, den Es-moll-Dreiklang infolge seines unheimlichen Charakters richtig zu benennen, während ich nun den E-moll-Charakter nicht erkennen konnte, auch nachdem ich mich überzeugt hatte, mit welcher Tonart ich es zu thun hatte. Den selten erkannten G-moll-Dreiklang sprach ich als das verwandte C-moll an, womit ich ebenfalls mich nur einer mehrfach eingetretenen Verwechselung schuldig machte; das noch nie erkannte Cis-moll dagegen erklärte ich nach langer Überlegung unbestimmt für H-moll. Das Resultat war also für die Tonarten-Charakteristik durchaus günstig; ich möchte auf diese wenigen Versuche mit am meisten Wert legen. Eigentümlich war es besonders, wie ich die seltsam spitzen Klänge der Gabeln mehrfach im ersten Moment am liebsten als Fis-moll analysiert hätte, bis ich mich nach aufmerksamerer Beobachtung von der spitzen Klangfarbe emanzipierte.

Wenn dennoch auch jetzt noch Zweifel bestehen sollten, ob alle Anhaltspunkte eines im Anfangsstadium der Entwickelung befindlichen absoluten Gehörs bei mir getilgt sind, so werden auch sie schwinden, wenn ich mitteile, dass nicht nur bei mir, sondern auch bei Herrn Michaelis die vorkommenden Verwechselungen von Tonarten sich zum gröfseren Teil auf verwandte Tonarten erstrecken, die den absoluten Tonhöhen nach denkbarst verschieden von einander sind. So verwechsele ich A-moll fast ausschliefslich mit D-moll und E-moll (nicht umgekehrt)*), ferner vorzugsweise H-moll und Fis-moll, F-dur und B-dur u. s. w., Herr Michaelis z. B. As-dur und Des-

---

*) Und zwar nimmt A-moll entschieden einen grofsen Teil des E-moll-Charakters an, wenn die Dominante als Grundton erklingt, während die Tonica als Grundton den Charakter der Tonart etwas dem D-moll nähert. Die Terz als Grundton macht hier, wie stets, den Charakter sehr unklar.

dur, A-moll und E-moll. Tonarten, die der absoluten Tonhöhe nach benachbart sind, werden seltener verwechselt, relativ
häufig ist dieser Irrtum nur für Es-moll, das ich nicht selten
als D-moll auffasse (nicht umgekehrt) und für C-moll = H-moll;
es wurde aber schon mehrfach erwähnt, dass beidemal die
Tonarten trotz ihrer fernen Verwandtschaft sehr charakteristische Züge miteinander gemeinsam haben. Weit seltener
dagegen und ganz vereinzelt sind die Fälle, in denen Tonarten, deren absolute Tonhöhe sich um eine große Sekunde
oder eine Terz oder gar den Tritonus unterscheidet, die also
weder verwandt noch benachbart sind, von mir verwechselt
wurden.

Auch mit Hilfe des »unbewussten absoluten Gehörs«, das
eine ebenso seltsame wie gezwungene Erklärung bildet, lässt
sich also den gegebenen Beweisen für die Charakteristik
zweifellos nicht beikommen.

4. Als einen Beweis gegen die Charakteristik oder vielmehr als einen Beweis gegen die Annahme, dass die größten
Tonsetzer bei ihrer Wahl der Tonarten irgendwie deren
Charaktere berücksichtigt hätten, pflegt man gern die Thatsache anzuführen, dass in der dramatischen Musik gewisse
Melodieen, die im Verlauf der Handlung mit genau den
gleichen Textworten wiederkehren, nicht selten, um eine
Steigerung des Ausdrucks zu erzielen, in der Notierung um
einen halben oder ganzen Ton in die Höhe gingen, so dass
der jeweilige Charakter der Scene keineswegs an eine bestimmte Tonart gebunden ist.

Um einige der berühmtesten Beispiele anzuführen, so steht
der Chorsatz: »Lass ihn kreuzigen« in Bachs »Matthäuspassion« das erste Mal in A-moll, das zweite Mal in H-moll.
Ferner singt Lohengrin seine Warnung an Elsa zuerst in As-
moll, woran sich fast unmittelbar seine dringendere Wiederholung in A-moll anschließt. Der berühmte Gesang des
Tannhäuser im Venusberg: »Dir, Göttin der Liebe, soll mein
Lied ertönen« erfährt mit geringen Textänderungen sogar eine
dreimalige Wiederholung, und jedesmal steigt die Tonart um

einen halben Ton in die Höhe; beim ersten Mal erklingt das
Lied in Des-dur, beim zweiten Mal in D-dur, beim dritten Mal
in Es-dur, im zweiten Akt endlich in E-dur.

Können nun aber derartige Thatsachen irgend einen einigermafsen beachtenswerten Beweis gegen die Tonarten-Charakteristik abgeben? doch wohl nicht! Der Charakter der Tonarten
tritt natürlich nicht so scharf hervor, dass eine Melodie durch
Transposition in eine andere Tonart in sofort erkennbarer
Weise eine völlig andere Stimmung annimmt, wie die Gegner
der Lehre von der Tonarten-Charakteristik so gern glauben,
und wenn selbst einmal der Fall vorliegen sollte, dass die
zweite, höhere Tonart der Stimmung des Textes*) weniger
gut angepasst sein sollte, als die erste, so wird die eigentliche
Absicht des Komponisten, nämlich die, eine Steigerung herbeizuführen, dennoch erreicht werden. Denn die dramatische
Steigerung wird ja ausschliefslich dadurch verursacht, dass die
Gesangsstimme in der höheren Lage mehr forciert werden
muss, und dadurch dringender bezw. erregter erscheint.**)
Schon eine Erhöhung der Tonart von nur einem halben Ton
vermag ein beträchtlich kräftigeres Anspannen der Stimmmittel
zu erzielen, zumal in den höheren Registern. Es scheint eine
dem Musiker wohlbekannte Thatsache zu sein, dass a capella-
Chöre, welche, besonders bei feuchter, regnerischer oder
nebliger Witterung, leicht um einen halben Ton »herunter-
kommen«, viel sicherer die Anfangsstimmung beibehalten,

---

*) Nur für Gesangstimmen lässt sich nämlich meines Erachtens
durch Transposition in eine höhere Tonart eine Steigerung der
genannten Art erreichen, allenfalls auch für Blasinstrumente.

**) Eine andere Erklärung kann hier nicht geltend gemacht
werden. Es ist zwar richtig, dass die gleiche Melodie, das gleiche
Motiv, wenn es unmittelbar in einer höheren Tonart wiederholt
wird, auch im Orchester eine lebhafte Steigerung des Ausdrucks
erfährt, wie wir es z. B. wahrnehmen können im Vorspiel zu
»Parsifal« mit dem in drei Tonarten sich unmittelbar wieder-
holenden Erlösungsmotiv oder in Leoncavallos »Bajazzi«, wo
beim ersten Aufzug der fahrenden Komödiantentruppe ebenfalls
eine kurze, motivförmige Melodie ohne jeden Übergang erst in

wenn die Tonart des Chorsatzes um einen halben Ton in die
Höhe transponiert wird, weil die erzwungene gröſsere An-
spannung ein Nachlassen der Stimme ziemlich verhindert.

Warum soll nicht einer Steigerung des Ausdrucks zu liebe,
welche durch Forcierung der menschlichen Stimme unfehlbar
in sinnfälliger Weise erreicht wird, der Charakter einer Tonart aufgeopfert werden, der doch erst bei näherer Aufmerksamkeit ins Bewusstsein tritt und bei Gesangstimmen überhaupt oft erst in zweiter Linie maſsgebend für die Wahl der
Tonart ist? Ein Beweis, dass Komponisten, welche in der genannten Weise eine Steigerung herbeizuführen suchen, den
verschiedenen Tonarten keine specifischen Charaktere beilegen
könnten, lässt sich auf diesem Wege keinesfalls erbringen.

5. Gröſstenteils ist durch das soeben Gesagte auch ein
weiterer Einwand hinfällig geworden: Im a capella-Gesang
sinken oder steigen bekanntlich die Chorstimmen
nicht selten recht beträchtlich, längere Chorsätze werden
auch bei reinster Intonation oft in einer anderen Tonart ab-
schlieſsen, als sie anfingen, und als vorgezeichnet ist. Nun,
meinen die Gegner, so müsse man doch an der Änderung
des Tonarten-Charakters bemerken, wenn der Chor von der
vorgezeichneten Tonart abzuweichen beginne. Demgegenüber
bemerkt aber schon Hand sehr richtig (a. a. O. S. 231): »Man
hat nicht bei jedem Wechsel der einzelnen Tonarten eine grell
hervortretende Bedeutsamkeit zu erwarten, sondern im ganzen

Es-dur, dann in E-dur, endlich in G-dur ertönt. In Löwes herr-
licher Ballade »Archibald Douglas« wiederholt sich von den Worten
an: »König Jacob gab seinem Ross den Sporn« ein Motiv, die
Hast des beschwerlichen Rittes darstellend, ohne jede Zwischen-
takte sogar in vier verschiedenen Tonarten (C-moll, Cis-moll,
D-moll, F-moll); grade hier empfängt man vielleicht besonders
deutlich den Eindruck der Steigerung in der höheren Tonart bei
der unmittelbaren Nebeneinanderstellung. In den oben genannten
Fällen kann aber diese Erklärung nicht Anwendung finden, da dort
die einzelnen Wiederholungen nicht unmittelbar aufeinander
folgen, sondern durch mehr oder weniger lange Zwischenspiele
getrennt sind, so dass jener Eindruck unmöglich im Spiele sein kann.

die Wirksamkeit wahrzunehmen«. Es kann eben nicht oft
genug betont werden, dass der Charakter nur hervorzutreten
pflegt, wenn die Aufmerksamkeit auf ihn gerichtet wird. Wie
viele aber achten gewöhnlich darauf? Wer es thut, wird
allerdings auch die Veränderung des Charakters unter den
geschilderten Umständen konstatieren können.

6. Ein beachtenswerterer Einwand ist der folgende: Man
kann sagen, dass dieselbe Tonart doch je nach dem
Rhythmus, dem Tempo und vor allem je nach der
hohen oder tiefen Lage der Klänge vollkommen
verschieden wirken muss.

Darauf ist nun zu erwidern, dass zunächst einmal Rhythmus und Tempo doch nicht den Charakter der Tonart, sondern nur den des jeweiligen Tonstücks beeinflussen. Dass
ein Tonstück einen vollkommenen anderen Charakter
besitzen kann, als ein anderes, das in derselben Tonart geschrieben ist, wird natürlich niemand bestreiten. Daraus lässt sich aber nichts für oder gegen den
Charakter der Tonarten folgern. Die Tonart ist doch nicht
der einzige Faktor, der einem Tonstück ein Gepräge verleiht,
Rhythmus und Tempo, die vollkommen ohne jede Beziehung zur Tonart sind, werden im Gegenteil weit, weit
stärker, als die Tonart es vermag, charakteristische Wirkungen
hervorrufen. Ihre Charakteristik ist aber eben so unverkennbar,
so auf der Hand liegend, dass es niemandem einfallen wird
die Charakteristik der Rhythmen und Tempi anzweifeln zu
wollen. Der Grund der Charakteristik dieser Faktoren ist
zwar auch nicht klargelegt, dennoch stimmen die Gefühle aller
Individuen in diesem Punkt bis in die kleinsten Einzelheiten
überein, ohne dass 'die Empfindungen konventionell
wären: niemand wird eine Trauerklage im Walzertempo, ein
Nocturno im prestissimo, ein Schelmenlied in Choralform komponieren, falls nicht gerade humoristische bezw. parodistische
Zwecke dabei verfolgt werden.

Genau ebenso unbestritten ist die Thatsache, dass jedes
Instrument seinen spezifischen Charakter hat. Es wäre trivial,

dies erst beweisen zu wollen. Etwas weniger scharf ausgeprägt ist schon die Charakteristik der Intervalle. Es liefse sich darüber gar manches sagen, an dieser Stelle sei nur kurz auf den stets weichen bezw. liebenswürdigen Charakter einer aufwärts steigenden Septime hingewiesen, auf die scharf ausgeprägten Charaktere, welche Terzen und Sexten der Tonica als Vorhalt zum Septimenaccord unter allen Umständen besitzen, auf den ruhigen, beseeligenden Eindruck des dorischen und den ernsten, dramatisch erregten des phrygischen Schlusses.

Der Charakter der Tonart nun addiert sich nur als untergeordnetes Glied zu jener Reihe von andren Faktoren, die alle unabhängig von einander den Ausdruck eines Musikwerks zu beeinflussen vermögen. Der Einwurf fällt damit in sich selbst zusammen.

Die Verteidiger der Tonarten-Charakteristik behaupten also nur, dass eine glückliche Wahl der Tonart die Wirkung des Werkes für musikalische Gemüter verstärke, eine verfehlte dagegen die Wirkung abzuschwächen vermöge. Der Charakter der Tonart bleibt aber ganz unbeeinflusst von Rhythmus und Tempo, er muss im Trauermarsch des Orchesters derselbe sein wie im Walzer des Klaviers, im Choral der Orgel derselbe wie im Gassenhauer des Leierkastens.

Haben aber nicht auf den Charakter der Tonarten die höhere oder tiefere Lage des Klanges Einfluss? Bis zu einem gewissen Grade, ja! Tiefe Klänge, deren Töne ausschliefslich der grofsen und kleinen Oktave angehören, haben stets etwas Wuchtiges oder Erhabenes oder Schauriges u. s. w. in sich, hohe dagegen, die der zweiten oder dritten und vierten Oktave entnommen sind, stets etwas Freudiges oder Beseeligendes oder Beruhigendes u. s. w. Aber ist es wirklich die Tonart, welche durch die Lage des Klanges beeinflusst wird? Doch wohl kaum. Sondern neben der Tonart kommt wieder ein neuer, unabhängiger Faktor in Betracht, der zwar den Charakter des Klanges in nicht unbeträchtlicher Weise modifiziert, nicht aber den der Tonart. Im übrigen gilt durchweg das Gesetz, dass die Charaktere der Tonarten in zu tiefer oder zu hoher Lage wesentlich an Schärfe des Ausdrucks einbüfsen. Stets werden die Charaktere am besten zu erkennen sein, wenn der Grundton der kleinen Oktave oder den höheren Tönen der grofsen Oktave angehört*) und einige Töne, wenigstens einer, in die eingestrichene Oktave fallen. Nur der Charakter des Fismoll scheint mir in der zweiten Oktave am besten hervorzutreten, etwa in der Lage cis'—cis"—fis"—a"—cis"', wenngleich ich auch ihn schon in sehr tiefer Lage sicher erkannte.

Während die vorhergehenden Ausführungen sich auf das Klavier bezogen, an dem ich überhaupt meine meisten Beobachtungen anstellte, ist zu erwähnen, dass für das Orchester auch noch ein beträchtlicher Teil der grofsen Oktave herangezogen werden kann, ohne dass das Optimum des Charakters geschädigt wird. Am günstigsten für die Charaktere der Tonarten ist bei Orchestermusik ein möglichst voller Klang, an welchem alle Oktaven bis zur dritten inklusive**) in relativer Gleichmäfsigkeit beteiligt sind. Für gemischten Chor gelten die gleichen Ausführungen wie für das Klavier.

7. Ein letzter Einwand ist durch die eben gemachten Ausführungen schon mit erledigt worden. Man könnte vermuten, dass der objektive Charakter der Tonarten doch nicht gut bestehen könne neben den Charakteren, welche, wie anfangs gezeigt wurde, gewissen Tonarten auf bestimmten Instrumenten zukämen. Doch ist eine solche Möglichkeit keineswegs ausgeschlossen. Wir haben eben gesehen, dass mehrere, von einander unabhängige Einflüsse n e b e n einander wirksam sein können, um einen spezifischen Charakter zu erzeugen; hier zumal sind beide Charaktere ungefähr von gleicher Gröfsenordnung — wenn ich mich so ausdrücken darf —, und der resultierende Klangcharakter ist eben die mittlere Proportionale' aus beiden.

---

*) Eine Verstärkung des eigentlichen Grundtons durch die tiefere Oktave schadet nichts, ist sogar im Gegenteil meist von Vorteil.

**) Die vierte Oktave schädigt den Charakter durch ihre schrillen Töne, zumal, wenn Pikkoloflöten hervortreten.

Subjektive Erklärung der spezialisierten Charaktere durch „privilegierte Assoziationen".

Alle Einwände gegen die objektive Verschiedenheit in den Charakteren der Tonarten können also vor einer genaueren Kritik nicht bestehen. Weit bedeutungsvoller als alle übrigen Einwände sind dagegen diejenigen, welche nur die so eingehende Spezialisierung der Charaktere, wie auch ich sie teilweise vertreten habe, bestreiten und als subjektive Täuschung hinstellen, während sie die objektiven Verschiedenheiten im Ausdruck der Tonarten durchaus anerkennen.

Die Vertreter dieser Anschauung sind also Anhänger der Lehre von der objektiven Tonarten-Charakteristik, erklären jedoch alle Definitionen, welche über die allgemeinsten Begriffe, wie »hell«, »einfach« u. s. w. hinausgehen, für subjektiv, für phantastisch. Sie behaupten, dass in solchen Fällen Tonarten wohl an ihren Sondercharakteren erkannt würden, dass aber dann unbewusst der spezialisierte Charakter solcher Musikwerke auf sie übertragen würde, an welchen man zuerst die Eigenheit der Tonart wahrgenommen habe.

Um diese nicht ganz leicht verständlichen Ausführungen sogleich durch Beispiele zu erläutern, so seien hier einige Beobachtungen mitgeteilt, die Herr Michaelis an sich selbst gemacht hat. Anfangs nahm er durchaus den von mir vertretenen Standpunkt ein und machte mir mancherlei Angaben über Charaktere, welche er den Tonarten beilege. Dann aber kam er allmählich zu der Ansicht, dass seine Angaben keineswegs unbefangen und objektiv gewesen wären und dass die angeblich objektiven Charaktere nur individuell von ihm empfunden würden. Als Beleg für diese Anschauung gab er mir folgende Daten:

Schon seit vielen Jahren wurde er durch die Tonart E-dur, wie er mir bereits im Januar 1895 angab, an den Klang von Waldhörnern erinnert. Als er aber im Juni 1896 durch die vorliegende Arbeit veranlasst wurde, eingehender über den Ursprung jener Assoziation nachzudenken, merkte er, dass nicht

etwa das E-dur in derselben Weise, wie ich oben Es-moll mit
dem Klange gestopfter Hörner verglich, in seinem Ausdruck
dem Charakter des Hornklanges ähnele, sondern dass das erste
Musikwerk in E-dur, in welchem er auf diese Tonart achtete,
Mendelssohns »Jägerlied« in den »Liedern ohne Worte«
gewesen sei, und er konnte nunmehr mit Bestimmtheit angeben dass der Eindruck, welchen er seinerzeit (noch als
Knabe) von diesem Tonstück empfangen hatte, übergegangen
sei auf die Tonart, in welcher es stand. Sobald er nun späterhin die Tonart E-dur wieder hörte (für Klavier hat er stets
ziemlich sicheres absolutes Gehör gehabt, für Streicher durch
Übung erworben), wurde in ihm also gewissermafsen eine un-
bewusste und indirekte Erinnerung an jenes Tonstück wach-
gerufen, trotzdem das Gedächtnis Jahre hindurch den Zusammenhang zwischen E-dur und dem Tonstück vergessen hatte.

Ganz ebenso konnte er nachträglich seine Angabe, G-dur
scheine ihm für Volkslieder besonders geeignet, erläutern, indem er sich erinnerte, dass das erste Volkslied, welches er als
Kind auf dem Klavier gespielt hatte, »Ich hatt' einen Kame-
raden« und andere, in G-dur gestanden hatten.

C-moll hatte mir Herr Michaelis mehrfach als eine
äufserst erregte, wilde Tonart bezeichnet, womit sein Empfinden in diametralen Gegensatz zu dem meinen trat, was um
so auffallender war, als unsere sonstigen Charakterdefinitionen
sich meist ziemlich mit einander deckten. Da gab er mir
plötzlich an, dies Empfinden sei wohl darauf zurückzuführen,
dass einige der gewaltigsten und ausdrucksvollsten Tonwerke
Beethovens, die seinerzeit einen tiefen Eindruck auf ihn gemacht hätten, in C-moll ständen wie die 5. Sinfonie, die sonate
pathétique u. a. Auch ihren Charakter hätte er auf die Tonart übertragen.

Aus diesen Thatsachen schloss er nun mit vollem Recht,
dass auch die übrigen Charaktere, welche er den Tonarten
beilegte, zurückgeführt werden müssten auf den Ausdruck gewisser Tonwerke, die ihm in seiner Jugend einen besonderen
Eindruck gemacht hatten.

Völlig unabhängig und ohne dass ich ihn auch nur andeutungsweise auf die Möglichkeit einer solchen Erklärung
aufmerksam gemacht hätte, kam Herr Professor J. von Kries,
der bekannte Freiburger Physiologe, zu der gleichen Vermutung
wie Herr Michaelis. Auch er besitzt ein sehr sicheres, ab
solutes Gehör, das er in einem vor einigen Jahren veröffent-
lichten Aufsatz (Zeitschrift für Psychologie und Physiologie der
Sinnesorgane, Bd. III): »Über das absolute Gehör« eingehend
beschrieben hat. Auf meine Anfragen erwiderte er mir in
liebenswürdigster Weise unter dem 29. Juni 1896, er lege allerdings den Tonarten »durch Worten angebbare Charaktere« bei
oder vielmehr schon »ein paar isolierten Akkorden einer Tonart, ohne jede musikalische Gestaltung«. Dann fährt er fort:
»Übrigens bin ich durchaus davon überzeugt, dass es sich
dabei nicht um etwas den Tonarten von Haus aus Eigen-
tümliches handelt, sondern lediglich um die Assoziationen
irgend welcher, mir z. T. schon in ganz früher Jugend besonders ausdrucksvoll gewordener Stücke, die in den betr.
Tonarten stehen. So kann ich den Charakter einer zarten
Weichheit, die ich etwa dem As-dur zuschreiben könnte,
sicher auf Beethovens Klaviersonate op. 26 zurückführen,
die Leidenschaftlichkeit des F-moll auf die Klaviersonate
dieser Tonart des gleichen Autors; wenn mir Es-dur etwa
vorzugsweise den Eindruck einer heitern und glänzenden
Pracht macht, so geht dies vorzugsweise auf die Eroica und
das Klavierkonzert dieser Tonart zurück; der düster geheimnisvolle Charakter des D-moll auf den 1. Satz der 9. Symphonie etc. Sind also auch diese und ähnliche Assoziationen
vorhanden, so sind sie doch zu locker und unbestimmt, als
dass ich ihnen eine andere als die erwähnte mehr zufällige
Bedeutung zuschreiben möchte.«

Auffallend ähnlich diesen Ausführungen sind einige andre,
wieder völlig unabhängige, die ich der Liebenswürdigkeit des
Herrn Oberlehrers Prof. Dr. Hans Draheim vom Königl.
Wilhelms-Gymnasium zu Berlin verdanke. Am 28. Oktober
1896 schrieb mir dieser Herr folgendes: »Die Tonarten haben

meines Erachtens einen verschiedenen Charakter, der ihnen
aber möglicherweise nicht ursprünglich eigen, sondern durch
gewisse Kompositionen zu teil geworden ist. Das Schlichte
und Grofsartige von C-dur, das Gemütliche von F-dur, das
Finsterleidenschaftliche von C-moll u. s. w. kann die Wirkung
sein z. B. von Die Himmel rühmen des Ewigen Ehre, Es
werde Licht und es ward — Licht (Schöpfung), Pastoralsinfonie,
Sonate pathétique u. s. w. Ich kann fast für jede Tonart ein
solches Beispiel angeben. . . . . . Ich wage also nicht zu behaupten, dass der Charakter der Tonarten auf einer inneren
Verschiedenheit beruht. Was das Erkennen der Tonarten be-
trifft, so wird es für mich erleichtert 1. durch die Erinnerung
an Compositionen gleicher Tonart, die mir bekannt sind 2. durch
die Klangfarbe des Instrumentes, auf dem gespielt wird. Endlich vermag ich einen einzelnen Ton zu treffen oft durch die
Lage der Stimme, oft durch Erinnerung an die mir unauslösch-
lich eingeprägten Anfänge oder andere Stellen gewisser Kompositionen«.

Es liegen also drei unabhängige Fälle vor, welche bis in
Einzelheiten*) hinein eine gradezu frappierende Ähnlichkeit
mit einander aufweisen. Es läge nun der Gedanke nahe, dass
die Tonarten-Charaktere in sämtlichen Fällen auf analoge
Weise durch Associationen entstanden und daher als subjektive
Täuschung anzusprechen seien, wobei freilich die merkwürdige
Übereinstimmung so vieler unabhängiger Definitionen als un-
erklärte Seltsamkeit hingenommen werden müfste.

Es kann keinem Zweifel unterliegen, dass diesem Gedanken für unsere Frage eine recht grofse Bedeutung zukommt,
dass einmalige Eindrücke vielfach mit einem begleitenden
Faktor untrennbar und unbewusst assoziiert werden. Gerade auf musikalischem Gebiet sind derartige Assoziationen,
die ich in Verallgemeinerung eines treffenden Ausdrucks Flour-

---

*) Schon die Thatsache, dafs fast durchweg Beethovensche
Kompositionen die Charaktere der Tonarten bedingten, ist äufserst
interessant.

noys als »privilegierte Assoziationen« bezeichnen möchte, auch anderweitig zu beobachten, und zwar in höchst charakteristischer, typischer Weise:

Den Hornklang pflegt man mit grofser Vorliebe als »romantisch« zu bezeichnen. Der verstorbene Musikgelehrte Philipp Spitta hat nun aber nachgewiesen, dass diese fast zum Gemeingefühl aller musikalischen Individuen gewordene Empfindung erst aufgekommen ist, seitdem Weber seinen »Freischütz« und »Oberon« schrieb. Hier haben wir also eine privilegierte Assoziation im grofsartigsten Mafsstabe vor uns.

Ein vielleicht noch charakteristischeres Pendant hierzu ist die verbreitete Bezeichnung des Flötenklanges als »schäferlich«. Nicht ohne leise Ironie bemerkt Stumpf hierzu in seiner »Tonpsychologie« (Bd. II. S. 515): »Nicht weil sie den schäferlichsten Klang gab, blies Damon die Flöte, sondern weil er kein anderes Instrument hatte als dieses, welches er sich aus Rohr schneiden konnte; und weil Damon und seine Genossen Schäfer waren, darum ist die Flöte schäferlich«.

Einen weniger allgemein interessanten, aber nicht minder typischen Parallelfall teilte mir noch Herr Michaelis mit, der überhaupt, wie es scheint, sehr zu privilegierten Assoziationen neigt. Er verband lange Zeit mit dem Klang der Klarinette den Begriff der blauen Farbe, und zwar, weil er einst im ersten Teil von Schuberts unvollendeter H-moll-Symphonie durch die Klarinette, welche hoch über dem die Melodie führenden Cello schwebt, an den blauen Himmel erinnert wurde, der sich über der Erde ausspannt.

Versuchen wir nun ein Bild zu bekommen von der Bedeutung der privilegierten Assoziationen für die Tonarten-Charakteristik! Wenn Prof. Cart, wie oben mitgeteilt, angiebt, F-dur klinge pastoral, er könne aber an F-dur nicht denken, ohne an Beethovens 6. Symphonie erinnert zu werden, so ist dies eine privilegierte Assoziation. Auch Herr Ertel gab mir an, F-dur klinge »pastoral«, und wenn er auch entschieden in Abrede stellt, durch den Gedanken an die Pastoral-Symphonie beeinflusst zu sein, so glaube ich dennoch, dass auch hier unbedingt eine privilegierte Assoziation vorliegt, denn es ist klar, dass eine Tonart ebenso wenig als spezifisch pastoral bezeichnet werden kann, wie ein Instrument als schäferlich.

Ebenso scheint es mir trotz allen Widerspruchs von Seiten des Herrn Ertel fraglos, dass seine Empfindungen, Cis-moll sei für Mondscheinscenen, C-moll für die Trauer um einen Helden geeignet, auf naheliegende privilegierte Assoziationen durch Beethovensche Werke zurückgeführt werden müssen. Wenn er gleichzeitig für die Verwertung des Fis-moll zu Gewitterschilderungen mit so grofser Lebhaftigkeit eintritt, so wage ich selbst diese (ganz vereinzelt dastehende) Empfindung als auf privilegierter Assoziation beruhend zu betrachten, da Herr Ertel, wie er mir schrieb, im Alter von 16 Jahren einmal einen Seesturm in Fis-moll komponierte.

Ich glaube diese Vermutungen mit solcher Bestimmtheit aussprechen zu dürfen, da Herr Ertel absolutes Gehör besitzt, also eine Tonart momentan erkennt, ohne erst durch ihren objektiven Charakterausdruck zu einem Schluss auf die Tonart geführt zu werden.

Und damit kommen wir auf den springenden Punkt unserer Frage: In allen Fällen, wo eine subjektive Charakterisierung durch privilegierte Assoziationen zu finden war, hatte die betreffende Person ein mehr oder weniger ausgeprägtes absolutes Gehör. Dann aber ist es natürlich klar, dass Angaben über wahrgenommene Charaktere unter solchen Umständen niemals streng objektiv sein können, dass Autosuggestionen und privilegierten Assoziationen Thür und Thor offen steht.

Wo jedoch jede Spur von absolutem Gehör fehlt, können sich unter keinen Umständen privilegierte Assoziationen bei Erkennung des Charakters bilden. Das Urteil ist einer gehörten Tonart gegenüber alsdann völlig objektiv und unparteiisch. Denn man wird sich doch nicht etwa wieder zu der Behauptung versteigen wollen, dass man die Tonart an unbekannten Faktoren unbewusst erkennt, dass ihr

dann der durch privilegierte Assoziation zugewiesene Charakter
untergeschoben wird und dass man sich endlich bona fide
einbildet, an diesem Charakter hätte man die Tonart erkannt?

Zwar wurde auch ich, der ich gar kein absolutes Gehör
habe, zu Beginn meiner diesbezüglichen Studien auf den
wild-aufgeregten Charakter des D-moll zuerst aufmerksam
durch das Gewitter-Vorspiel der »Walküre«, und man könnte
daher vermuten, es läge eine privilegierte Assoziation vor, ich
hätte den Charakter jenes Tonstücks übertragen auf seine
Tonart. Aber woran erkenne ich denn diese? Lediglich und
ausschliefslich an der Erregtheit ihres Charakters, und mein oft
kontrolliertes Gefühl muss entschieden die Vermutung zurückweisen, dass ich den Charakter erst in den Klang der an
anderen unbekannten Eigentümlichkeiten erkannten Tonart
unbewusst hineineskamotiere. Übrigens ist mir der D-moll-
Charakter im »Walküre«-Vorspiel noch nicht so deutlich und
so gewaltig zum Bewusstsein gekommen wie später am Schluss
des »Kyrie eleison« und »quia pius es« im Mozartschen »Requiem«, wo Charakter der Tonart und des Tonstücks sich
keineswegs mit einander decken.

Der milde und sanfte Charakter des C-moll kam mir
zuerst zum Bewusstsein in Haydns »Schöpfung« bei den
Textworten des ersten Chores: »schwebte auf der Fläche der
Wasser« und bald darauf im Schlusschor der »Matthäuspassion«
von Bach: »Wir setzen uns mit Thränen nieder.« Auch hier
wird man vermuten können, ich hätte den Charakter beider
Tonwerke auf die Tonart übertragen. Darauf aber ist zu
antworten, dass ich damals durch die beiden Tonwerke veranlasst, in der Vorstellung dem C-moll einen in erster Linie
frommen, gottergebenen Ausdruck zuschrieb, dass ich aber
heut, $1\frac{1}{2}$ Jahre später, wo ich die Tonart C-moll an ihrem
specifischen Charakterausdruck leicht zu erkennen vermag, im
allgemeinen Klange der Tonart nichts Frommes, sondern nur
etwas Weiches, Mild-Erhabenes heraushöre. Wäre thatsächlich die privilegierte Assoziation für mich mafsgebend, so
hätte sich wohl schwerlich die Vorstellung des Frommen vom

Klangcharakter wieder abgezweigt. Sollte man sich aber wundern, dass gerade der Ausdruck derjenigen Tonstücke, bei welchen mir der von mir behauptete Charakter der Tonarten D-moll und C-moll zuerst auffiel, mit diesem übereinstimmt, so ist zu bedenken, dass man gerade zu Beginn derartig schwieriger Forschungen*), wo man der Mannigfaltigkeit der Erscheinungen gegenüber noch ratlos im Dunkeln tappt, wesentlich auf Tonstücke mit besonders charakteristischer und glücklicher Verwertung der Tonarten angewiesen ist, um Anhaltspunkte zur Erkennung der Charaktere zu gewinnen.

Auch der unheimlich drohende Charakter des Es-moll wurde mir erst greifbar deutlich, nachdem ich die Bemerkung Schillings gelesen hatte: »Wenn Gespenster reden könnten, würden sie in diesem Tone reden«. Dass aber auch hier keine Suggestion vorliegt, sondern gewissermafsen nur eine Enthüllung durch einen treffenden, wenn auch stark zugespitzten Ausdruck, wird dadurch bewiesen, dass die übrigen Schillingschen Definitionen, sogar die des E-dur, welcher ich von Anfang an meine besondere Aufmerksamkeit zuwandte, höchstens meine Vorstellungen von den Tonarten, nicht aber meine Empfindungen beim Hören ihres Klanges beeinflusst haben.

Die Vermutung, dass ich einen subjektiven spezialisierten Charakter in einen wahrgenommenen Klang unwillkürlich hineinprojiciere, nachdem ich bereits aus irgend einem Grunde die Tonart erkannt habe, muss ich wiederholt entschieden zurückweisen. Gerade umgekehrt vollzieht sich der Prozess: im wahrgenommenen Klang suche ich zunächst den Charakter deutlich zu erfassen, soweit er sich mir nicht schon von selbst aufdrängt, und erst, wenn dies geschehen ist, gebe ich ein Urteil über die Tonart ab. Nach etwa einjähriger, in den letzten Monaten fast täglicher Übung glaube ich mit einiger Berechtigung über

---

*) D-moll und C-moll waren die ersten Tonarten, auf die ich genauer zu achten begann.

die Art und Weise dieses Prozesses urteilen zu können. Ich glaube behaupten zu dürfen, dass ich einigermafsen zwischen objektiver und subjektiver Betrachtung richtig zu unterscheiden verstehe, und manche Vorkommnisse, speziell auch auf diesem musikalischen Gebiet, haben mir zur Genüge bewiesen, dass ich mich von subjektiven Fehlerquellen zu emancipieren verstehe und sie in ihrer Bedeutung zu würdigen weifs. Und nachdem ich mich dessen versichert habe, glaube ich mit aller Bestimmtheit behaupten zu können, dass in den Urteilen über die bisher genannten Tonarten keine privilegierten Assoziationen im Spiel sind.

Als privilegierte Assoziation ist dagegen allerdings der Gedanke an Mondscheinscenen bei der Tonart Fis-moll zu betrachten, denn selbstverständlich werde ich nicht behaupten, dass diese Tonart per se an Mondschein erinnern muss, sondern nur, dass sie sich am besten zu derartigen Schilderungen eignet. Objektiv und unverkennbar ist nur der merkwürdig spitze, oboenartige Charakter des Fis-moll. Auch sei hinzugefügt, dass der Gedanke an Mondschein allmählich immer mehr in den Hintergrund tritt. Als privilegierte Assoziation kann, bis zu einem gewissen Grade wenigstens, auch die oben gegebene Bezeichnung des E-moll als »romantisch« gelten. Dieses Empfinden stellte sich erst ein, als ich bemerkte, dass der »Romantiker« Mendelssohn, welcher überhaupt die Tonart E-moll neben E-dur in auffallendster Weise bevorzugt, diese Tonart gerade zu einigen seiner »romantischsten« Tonwerke verwandt hat. Grofse Teile der Ouvertüre zum »Sommernachtstraum«, der »Trauermarsch« [Lieder ohne Worte No. 27], das »Waldschloss«, »Todeslied des Bojaren« u. s. w. stehen in E-moll, auch »And'res Maienlied« und »Neue Liebe« lernte ich zuerst beide in E-moll, der transponierten Fassung, kennen. Dazu kam noch, dass ich auch Schuberts »Erlkönig«, der mir stets als Typus dichterischer und musikalischer Romantik galt, stets in E-moll spielte (das Original steht in G-moll). Etwas eigentümlich Schwärmerisches, Träumerisches höre ich auch heut noch als charakteristisches Moment aus dem E-moll-

Dreiklang heraus, so dass ich mit einer gewissen Berechtigung auch den objektiven Klang oben als romantisch zu bezeichnen wagen durfte.

Um aber die Vermutung, dass es sich bei mir in allen genannten Fällen um privilegierte Assoziationen handle, eine Vermutung, die eben wegen des Mangels an absolutem Gehör schon an und für sich unmöglich haltbar ist, völlig zu entkräften, kann ich als Pendant zu den angeführten Thatsachen noch andere anführen. Mehrere Kompositionen kann ich anführen, deren Tonart ich zu Beginn dieser Untersuchungen eingehend beobachtete, ohne dass ich nun der Tonart den Charakter des Tonwerkes aufgeprägt hätte, was doch zweifelsohne hätte geschehen müssen, wenn es sich in den übrigen citierten Fällen um privilegierte Assoziationen handelte.

Noch bevor ich dem D-moll gröfsere Aufmerksamkeit zuwandte, achtete ich in einem Lied von Gumbert: »Leichter Sinn« (op. 111), das mir damals besonders gefiel, auf die Tonart. Es hatte die seltene Tonart B-moll, die ich aus anderen, mir genau bekannten Tonwerken nur noch in Chopins »Trauermarsch« kannte. Lange wandte ich der Tonart meine Aufmerksamkeit zu, da sie mir charakteristisch von den anderen abzustechen schien. Eine privilegierte Assoziation etwa von der Art, dass B-moll eine sehr nachdenkliche, traurige Tonart sei, hätte nahe gelegen, hat sich jedoch so wenig eingestellt, dass ich selbst heut, 2 Jahre später, den Charakter der Tonart noch nicht genau definieren kann.

Ebensowenig schrieb ich dem As-moll, das ich von dem Trauermarsch in Beethovens 12. Sonate und von Lohengrins Mahnung an Elsa: »Nie sollst du mich befragen«, her kannte, jemals einen spezialisierten Charakter zu. Dasselbe gilt für Cis-moll, das ich in der »Mondschein-Sonate« und in Schuberts »Wanderer« beobachtete.

Den Charakter des F-moll, welcher mir bis heut noch nicht ganz klar zum Bewusstsein gekommen ist, beobachtete ich zuerst genauer in dem Studentenlied: »Der Sang ist verschollen«, das freilich wenig typischen Charakter aufweist, später eingehender in einem Chorsatz aus H ä n d e l s »Belsazar«: »O Miss-geschick, o Jammer, Weh und Leid«. Eine privilegierte Asso-ziation hat sich auch hier nicht eingestellt.

Selbst die Tonart E-moll, für welche ich, wie erwähnt, eine wenig bedeutungsvolle privilegierte Assoziation besitze, hat mir erst relativ spät ihr charakteristisches Gepräge offen-bart. Bevor mir auffiel, dass ich sie in vielen der romantisch-sten Kompositionen des Romantikers M e n d e l s s o h n stets wiederfände, suchte ich vergeblich einen Anhaltepunkt für ihren Charakter zu gewinnen aus L e o n c a v a l l o s »Pagliacci« in dem ergreifenden Liede: »Hüll' dich in Tand«, sowie aus der »Siciliana« in M a s c a g n i s »Cavalleria rusticana«, die ich in einer Klavierbearbeitung von F-moll nach E-moll trans-ponirt zu spielen pflegte; auch die »Matthäus-Passion« mit ihrer E-moll-Ouvertüre und mit ihrem Chorsatz: »Sind Blitze, sind Donner in Wolken verschwunden«, gab mir keine privile-gierte Assoziationen, trotzdem der letztgenannte Chor weit, weit gewaltiger auf mich wirkte als der Schlusschor: »Wir setzen uns mit Thränen nieder«, der mir doch den Charakter des C-moll teilweise enthüllte.

Auf das Dur, dessen Charaktere mir noch jetzt ziemlich fremd sind, will ich mich nicht näher einlassen. Bei ihm kann ich noch weit weniger privilegierte Assoziationen nachweisen. Doch sei bemerkt, dass, falls die Charaktere nur durch jene Assoziationen bedingt würden, das A-dur sicherlich für mein Empfinden den Charakter des »Lohengrin«-Vorspiels haben müsste, das B-dur wahrscheinlich den des M e y e r b e e r schen prachtvollen ersten Fackeltanzes. In Wirklichkeit aber kann ich im Klang jener Tonarten nicht im geringsten etwas ent-decken, was mit den Charakteren jener Tonwerke überein-stimmte.

Der wichtigste und bedeutungsvollste Einwand, welcher gegen eine gemäßigte Spezialisierung der Charaktere erhoben werden konnte, ist also zwar für Individuen mit absolutem Gehör sicher vielfach berechtigt und in keinem Falle ohne weiteres zu widerlegen, für andere Individuen vermag er jedoch

gar nicht oder nur auf aufserordentlich gezwungene Weise
eine Wahrnehmung von Charakterunterschieden zu erklären.
Im übrigen glaube ich nochmals von mir behaupten zu dürfen,
dass ich genügend vorurteilslose Beobachtungsgabe besitze, um
nicht einer gar zu plumpen Selbsttäuschung zu verfallen.
Meine Empfindungen habe ich so vielfach kontrol-
liert, dass der Gedanke einer Täuschung in bezug
auf die vielfach ungemein deutlichen und durch zahlreiche Experimente erprobten und bestätigten objektiven Charaktere mir thatsächlich vollkommen
ausgeschlossen erscheint.

Die hypothetischen Ursachen der Charakteristik der Tonarten.

Schon in der Einleitung wurde betont, dass die Methode
der Untersuchung, welche in dieser Arbeit angewandt werden
müsse, nur statistischer Art sein könne. Auf diesem Wege
sind wir nun zu einer nicht unbeträchtlichen Reihe von Er-
gebnissen gelangt, die zwar im wesentlichen ziemlich un-
anfechtbar sein dürften, die aber doch erst dann als gesichert
gelten können, wenn sie auf einer festen theoretischen Grundlage basieren.

Es wurde aber auch schon hervorgehoben, dass unsere
Kenntnisse von der Physiologie der Gehörorgane viel zu
mangelhaft sind, als dass wir in irgend einer theoretischen Beziehung vorläufig über Hypothesen hinauszukommen vermögen.
Doch auch eine gründlich durchgearbeitete, halbwegs befriedigende Hypothese aufzustellen, ist nicht leicht. Und speziell
für unsere Frage dürfte nur ein Physiologe von Fach, der
einen genauen Überblick über das ganze einschlägige Gebiet
besitzt, im stande sein, eine genaue theoretische oder auch nur
hypothetische Grundlage zu konstruieren. Ich als Psychologe
fühle mich in der Physiologie zu sehr Laie, als dass ich mich
an einen solchen Versuch heranwagen könnte.

Nicht über die vorläufig hypothetischen Eigenschaften der Gehörorgane, welche eine Verstärkung oder Schwächung gewisser Töne oder Tonregionen und damit eine charakteristische Färbung von Tönen und Tonarten veranlassen können, sollen daher in diesem letzten Kapitel Untersuchungen angestellt werden; diese Frage zu entscheiden überlasse ich den Fachphysiologen. Ich beschränke mich lediglich darauf festzustellen, ob Thatsachen und Beobachtungen vorliegen, welche gewisse Töne vor allen übrigen abstechen erscheinen lassen.

Als ich, ohne irgendwie durch anderweitige Beobachtungen veranlasst oder beeinflusst zu sein, die Töne des Klaviers auf ihre gröfsere oder geringere Schärfe und Helligkeit hin untersuchte, schien mir vor allem das fis'' einen abnorm schrillen und scharfen Charakter zu besitzen, der mir bei jeder erneuten Untersuchung deutlicher und auffallender wurde. Wenn man sich skeptisch wundert, dass ich diese Sonderstellung des fis'' vorher (vor Januar 1896) nicht bemerkte und dass mir der Ton im Lauf der Zeit an Deutlichkeit des Abnormen zuzunehmen schien, so ist zu erwidern, dass ohne Aufmerksamkeit die Schärfe eines Tons niemandem auffallen wird: auch die oft erwähnten Töne der vierten Oktave mit ihrer Sonderstellung fielen mir nicht auf, bevor ich durch Helmholtz' klassisches Werk auf sie aufmerksam gemacht wurde, und auch dann noch schienen sie mir anfangs keineswegs auffallend scharf hervorzutreten; sehr rasch aber steigerte sich mit fortgesetzter Übung die Empfindlichkeit, und jetzt scheinen sie mir zuweilen fast unerträglich scharf und pikkoloflötenartig zu sein. Dass aber jene Sonderstellung des fis'' keinesfalls auf Autosuggestion beruht, ist für mich bewiesen durch zwei Wahrnehmungen, die ich zufällig an einem und demselben Tage (30. V.) machte:

Ich hörte einen auf der Strafse singenden kleinen Knaben einen Ton angeben, der mir besonders schrill zu sein schien. Ich glaubte daraus auf fis'' schliefsen zu dürfen, und die Stimmgabel belehrte mich, dass mein Empfinden mich nicht getäuscht hatte. Etwa eine Viertelstunde später safs ich vor einem sehr alten, mir bis dahin völlig unbekannten Flügel, auf dem ich den scharfen Klang des fis" einer Probe zu unterwerfen strebte. Wie sehr ich aber auch meine Aufmerksamkeit anstrengte, stets war das g" des Flügels beträchtlich und deutlich intensiver klingend als fis". Erst am Abend darauf bemerkte ich, dass diese scheinbare Abweichung meine Vermutung glänzend rechtfertigte, da der Flügel gerade einen halben Ton zu tief gestimmt war.

Damit war mir die Sonderstellung des fis", wenigstens für mein Ohr, klar bewiesen. Ich suchte nun in der Litteratur nach weiteren Notizen, aus welchen analoge Thatsachen gefolgert werden konnten. Ein reiches Material lieferte hier der erste Band von Stumpfs »Tonpsychologie« (1883). Daraus ging mit überraschender Deutlichkeit hervor, dass die Töne der zweiten Oktave eine ebenso entschiedene Intensitätszunahme aufweisen, wie die der vierten. Ich citiere hier die Stumpfschen Angaben (a. a. O. S. 413 ff.) in einer anders geordneten Reihenfolge.

Über seine eigene Person macht Stumpf die Angaben, dass er schon seit 1875 ununterbrochen den Ton fis''' im Ohr erklingen höre, ferner dass er die Töne in der oberen Hälfte der zweiten Oktave, besonders b" »auffallend ja schmerzhaft stark« empfindet, zumal wenn das Gehör einmal gereizt und besonders empfindlich ist.

Robert Franz hatte 1842 oder 1843 durch einen Lokomotivenpfiff schweren Schaden am Gehör gelitten: erstens konnte er die Töne oberhalb e''', seit 1864 oberhalb d''' nicht mehr hören, ferner aber waren die Töne g" bis b", die vielleicht dem unseligen Pfiff der Lokomotive entsprachen, völlig »leblos« geworden. Die dieser Region angehörenden Töne wurden höchstens als tonloses Pochen vernommen. In den 60er Jahren stellte sich die Empfindung für sie wieder ein, bis dann im Jahre 1871 der unglückliche Tonkünstler von völliger Taubheit befallen wurde. Recht beachtenswert ist die Thatsache, dass es in einem anderen Falle gerade wieder die Töne g" bis b" waren, welche temporär um eine Terz in die Höhe gingen. Daraus lässt sich wohl mit ziemlicher Sicher-

heit der Schluss ziehen, dass die genannten Töne in physio-
logisch-anatomischer Hinsicht irgendwie eine Sonderstellung
einnehmen müssten.

Stumpf erwähnt ferner, dass einer seiner Freunde beim
Klavierspiel in der zweigestrichenen Oktave, besonders in ihrer
unteren Hälfte, regelmäfsig ein unangenehmes metallisches Mit-
klingen hört. Stumpf untersuchte das betreffende Klavier,
konnte aber trotz seines vorzüglichen Gehörs keine Unregel-
mäfsigkeit im Klange der bezeichneten Töne entdecken. Dasselbe empfand, wie O. Wolf in einem Aufsatz »Sprache und
Ohr« in Knapps Archiv mitteilt, ein Violinist beim d″
eines Klaviers und beim fis″ eines anderen, »weniger« bei
der Violine.

Am auffallendsten hervorzustechen scheint aber sicherlich
fis″. Nachdem ich Herrn Michaelis, der sonst fremden sug-
gestiven Einflüssen sehr schwer zugänglich ist, auf diesen Ton
aufmerksam gemacht hatte, empfand auch er deutlich den oft
unangenehm schrillen und schneidenden Klang desselben, ebenso
ein Herr stud. theol. Fränkel, der unmittelbar nach einer
diesbezüglichen Bemerkung meinerseits den scharfen Klang
des fis″ deutlich wahrnahm.*) Auch in der Litteratur habe
ich zwei Stellen gefunden, welche, wie mich dünkt, auf den
sonderbaren Klang des fis″ bezw. des fis′, dessen erster Oberton fis″ ist, völlig unbefangen hindeuten. Oben (S. 16) wurde
eine Stelle aus Mendels »Lexikon« citiert, welche sich mit
dem hervorstechenden Charakter des D-dur beschäftigt; darin
hiefs es: »Man denke z. B. an die Klangweise des hohen fis,
sowohl das von der Männerstimme als des von der Frauenstimme erzeugten — eine scharfe Tönhöhe und eine besondere Geltendwerdung der Beitöne**) sind wohl die
wahrscheinlichsten Gründe — und man wird wenigstens für
die häufige Anwendung von D-dur sich etwas Reelles anführen
können«. Die andere Stelle findet sich in Berlioz' Werk

---

*) Es ist selbstverständlich, dass ich die beiden Herren ihre
Beobachtungen nicht etwa am gleichen Klavier machen liess.

**) Die Sperrung der Worte stammt von mir.

»Die moderne Instrumentation und Orchestration« auf Seite 263.
Er spricht von den höchsten Tönen der Bassstimmen und
äufsert, sie hätten »rauhe und wilde Accente, denen die aus-
nahmsweise angebrachten erzwungenen Töne, als: das hohe F
und Fis ihres eigentümlichen Charakters wegen*)
weit angemessener sind, als die natürlicheren der Tenöre auf
denselben Stufen.« Sehr beachtenswert ist auch die Thatsache,
dass Berlioz in demselben Werk, als er die Tonarten der
Violine charakterisiert (S. 33), Fis-dur wie Fis-moll als
einzige von allen Tonarten als »schneidend« bezeichnet.

Eine Reihe von Fällen führt Stumpf ferner an, in welchen
bestimmte Töne stunden-, tage- und jahrelang als Hallu-
cinationen auftraten. Ob man berechtigt ist, auf diesen patho-
logischen Thatsachen fufsend, den angegebenen Tönen Sonder-
stellungen im Gehörapparat zuzuschreiben, wage ich nicht zu
entscheiden, zumal nirgends genauere Angaben vorliegen, ob
die Töne auftraten nach Art des Ohrenklingens oder ob sie in
die Aufsenwelt projiciert wurden u. s. w. Dennoch seien der
Vollständigkeit halber auch die hierher gehörigen Angaben
nach Stumpf kurz mitgeteilt.

Dass Stumpf selbst schon viele Jahre hindurch subjektiv
fis''' hört, wurde bereits erwähnt. Bekannt ist, dass Schumann, nachdem sich die Anfänge seiner geistigen Umnach-
tung bemerkbar gemacht hatten, mehrere Jahre hindurch auf
einem Ton A (wohl a'?) hallucinierte. Samelsohn hörte
während eines Konzerts unaufhörlich e', Czerni infolge eines
Lokomotivenpfiffs zwei Tage lang c''. Moos berichtet von
einer Dame, die nach einem Konzert 14 Tage hindurch c'''
und e'''' (letzteres der Eigenton des Ohres) hörte und von
einem Schullehrer, der nach einem Gesang mit Klavierbe-
gleitung mehrere Stunden lang g und h vernahm. Endlich
berichtete Smetana, der bekannte böhmische Komponist,
welcher auch lange Jahre hindurch völlig taub war, er habe

---

*) Die Sperrung der Worte stammt von mir.

während des Tages oft langgehaltene As-dur-Akkorde (c es as) in höchster Picololage (also wohl c'''' — es'''' — as'''') gehört.

Das eine kann man jedenfalls aus diesen Thatsachen schliefsen, dass es eine gröfsere Reihe von »merkwürdigen Tönen« geben muss, welche im menschlichen Gehör eine Sonderstellung einnehmen. Damit aber wäre eine greifbare physiologische Erklärung für die Charakteristik der Tonarten gegeben.

Neben dem fis'' scheint mir noch ganz besonders das grosse B charakteristisch von andren Tönen abzustechen, und zwar scheint mir, wenn ich den Eindruck charakterisieren soll, dieser Ton etwas ungewöhnlich Schwülstiges, Glockenklangartiges zu besitzen, so dass ich an diesem eigentümlichen Charakter selbst den einzeln angegebenen Ton schon häufig richtig erkannt habe, was mir sonst bei keinen andren Tönen glücken will. Das B-dur und G-moll scheint mir übrigens am deutlichsten charakterisiert zu sein, wenn das grofse B im Klange enthalten ist.

Man wird meinen, dass eine Umfrage bei musikalischen Personen doch bald die allgemeine Sonderstellung solcher Töne beweisen oder widerlegen müsste. Dennoch glaube ich, würde eine solche Umfrage nicht viel Erfolg haben, da kaum jemand, der nicht dem Gegenstand aus diesem oder jenem Grunde schon seine Aufmerksamkeit zugewandt hat, eine Angabe würde machen können. Ich habe deshalb von einer von vornherein ziemlich aussichtslosen Umfrage Abstand genommen.

Man wird nun sagen, dass das Hervortreten gewisser Töne — sprechen wir einstweilen nur von der zweiten Oktave — noch nicht ohne weiteres den Dreiklängen einer Tonart in allen Lagen etwas gemeinsam Charakteristisches zu verleihen vermag. Auch dieses schwierige Problem kann ich einstweilen nur andeutungsweise behandeln, wie denn überhaupt die mehr theoretische Seite dieses Werkes wegen des mangelhaften Beobachtungsmaterials nur als eine Vorarbeit, eine Anregung für weitere Forschungen angesehen werden darf.

Ich möchte aber dieser Frage gegenüber eine sicherlich völlig unbefangene Äußerung citieren, welche von Kries in seinem erwähnten Aufsatz »Über das absolute Gehör« gemacht hat (a. a. O. S. 259—260): Hiermit hängt es ohne Zweifel zusammen, dass, wie ich für mich aufs deutlichste ausgeprägt finde und gewiss auch für andere Personen mit absolutem Gehör gilt, alle gleichbenannten Töne einen gemeinsamen Charakter zu haben scheinen. Alle A besitzen für mich etwas Besonderes, Charakteristisches, was sie von den sämmtlichen C, E u. s. w. unterscheidet. Die Erkennung dagegen, welches C ich höre, ist eine Aufgabe ganz anderer Art als die Unterscheidung von C und D«. Hierzu ist zu bemerken, dass nach der Auskunft, welche Prof. von Kries mir auf eine diesbezügliche Anfrage erteilt hat, für alle Töne dasselbe gilt, was er über A gesagt hat. Doch ist zu beachten, dass die Objektivität seiner Empfindungen in Zweifel gezogen werden kann, da er ein sicheres absolutes Gehör besitzt, dass also privilegierte Assoziationen in seinen diesbezüglichen Urteilen nicht ausgeschlossen sind.

Die in Betracht kommenden Töne der zweiten Oktave müssen in den Tonarten, welche sie charakteristisch färben sollen und deren Eigentümlichkeit ja doch hauptsächlich der kleinen und angestrichenen Oktave angehört, stets zum mindesten als einer der ersten Obertöne vorhanden sein. Freilich müssen sie als Obertöne mehreren Tonarten gleichzeitig angehören, aber gerade diesen Tonarten kommt vielleicht auch ein ähnlicher Charakter zu. Vielleicht ist daraus der wohl längst aufgefallene Umstand zu erklären, dass mehrfach nah verwandte Tonarten gleichen Geschlechts sich in ihren Charakteren berühren. As- und Des-dur, A- und E-dur, H- und Fis-dur, C- und G-moll, A- und D- oder E-moll, F- und B-moll, H- und Fis-moll u. a. werden meist als nahe verwandt auch in Bezug auf ihren Charakterausdruck bezeichnet. Betrachten wir fis''! Der eigenartige Charakter des Fis-moll, welches fis'' als Tonica enthält, findet sich in stark abgeschwächtem Maße im H-moll wieder, wo fis'' als Dominante fungiert und als solche reichen Anteil an den Obertönen hat. Entsprechend pflegt man sowohl dem H-dur wie dem Fis-dur einen ähnlichen, lebhaft erregten Charakter zuzuschreiben. Der Einfluss des fis" als Terz der Tonica auf den Charakter scheint weniger grofs zu sein.

Endlich noch eins: vorausgesezt, dass wirklich durch anatomisch-physiologische Phänomene »merkwürdige Töne« zu stande kommen, so ist es von vornherein noch nicht notwendig, dass bei allen Menschen stets die gleichen Töne eine Sonderstellung einnehmen. Es sind geringe individuelle Schwankungen möglich, wie ja auch der mehrfach erwähnte Eigenton des menschlichen Ohres bei manchen Personen höher, bei manchen tiefer ist. Aus derartigen Schwankungen würde sich ergeben, dass mit den »merkwürdigen Tönen« auch die entsprechenden Tonarten-Charaktere individuell schwanken. Doch scheint aus dem vorliegenden Material hervorzugehen, dass derartige Schwankungen, falls sie vorkommen, sich nur in recht bescheidenen Grenzen halten, dass sich jedenfalls ein Durchschnittstypus für die Tonarten-Charaktere aufstellen lässt, von dem individuell meist nur in einigen wenigen Punkten abgewichen wird. Eine solche Schwankung scheint mir aber selbst schon in dem vorliegenden Material sich anzudeuten, und zwar in den Angaben des Herrn Ertel, neben dessen besprochenen subjektiven Empfindungen sich auch zweifellos objektive Definitionen finden. Nehmen wir einmal willkürlich an, dass einer jener auf unbekannten anatomisch-physiologischen Eigentümlichkeiten beruhenden »merkwürdigen Töne« für ihn um einen Ganzton tiefer liegt, als bei den meisten anderen Menschen, so können wir vielleicht bei drei der absoluten Tonhöhe nach benachbarten Tonarten die Abweichung seiner Auffassung von allen übrigen uns erklären: Mir erscheint D-moll als die erregteste, leidenschaftlichste aller Tonarten, Herr Ertel aber erklärte mir auf meine diesbezügliche Anfrage, dass ihm «ausgesprochen C-moll« als die aufgeregteste erscheine, während die andere Charakterseite dieser Tonart (»Königin unter den Tonarten«, »Heldentonart«) sich in unserem beiderseitigen Empfinden deckte; ich schrieb mit anderen übereinstimmend dem Des-dur hohlen Pathos und nichtssagende Pracht zu, Herr Ertel notierte für H-dur seltsamerweise fast gleichlautende Bezeichnungen, nämlich in der »Kritik«: »Unnützer Prunk. Zu grell«, im Briefe an mich: »Ziemlich prächtig; aber Glanz ohne Ziel. Honig um den Mund.« Endlich wird C-dur von mir nur unbestimmt, von anderen aber deutlich als eine hellleuchtende, glänzende, aber kräftige Tonart empfunden, Herr Ertel nennt B-dur »sehr glänzend und stolz, heldenhaft und freudig, siegreich und triumphierend«. Es ist nicht unmöglich, dass wir es hier mit einer Schwankung der vermuteten Art zu thun haben.

Ob alle diese Vermutungen richtig sind, kann sich erst entscheiden, wenn ein weit umfangreicheres Material über objektive Tonarten-Charaktere, als es der einzelne zu sammeln vermag, vorliegt und statistisch und kritisch verarbeitet wird. Mir lag es hier nur daran, einen Fingerzeig zu geben, in welcher Richtung man nach Erklärungen für die Tonarten-Charakteristik zu suchen habe.

Schlussbetrachtung.

Sehr schwankend war der Boden, auf den wir uns schliesslich begeben mussten, immerhin aber dürfte er doch insofern wenigstens gesichert sein, dass er nicht ganz und gar wieder unter den Füfsen zu versinken droht. Wenn auch nur einige haltbare Stützpunkte gewonnen wären, so würde der Hauptzweck dieses Werkchens erreicht sein.

Wenn die Wissenschaft auszieht, eine neue Veste zu bauen, so muss sie sich zunächst damit begnügen, einige Grundpfeiler festzurammen. Und alsdann wird sie, zunächst nur auf den Flügeln der Phantasie und mit dem luftigen Baumaterial der Hypothesen zwischen diesen Pfeilern die verbindende Brücke schlagen können, erst nur in Gedanken schauen den hehren Bau, der unter Mithilfe Vieler vielleicht heranzureifen vermag langsam und schrittweise zum vollendeten Kunstwerk.

Auch ich versuchte einen Grund zu legen, auch ich kann nur andeuten, wie vielleicht, falls die Grundlage sich als eine feste und sichere bewährt, der Ausbau von statten gehen kann. Das Gebäude, das sich darauf errichten liefse, wäre keins von den unscheinbarsten, denn es würde zu den wenigen gehören, die in gleicher Weise den Interessen der Wissenschaft wie der Kunst zu dienen vermögen.

Die musikalische Komposition würde aus den gegebenen Hinweisen und Anregungen wohl mancherlei entnehmen können. Es ist freilich nur ein Faktor von untergeordneter Bedeutung, der ihr zur Beachtung empfohlen wird. Der musikalische Genius wird seine gewaltigen Wirkungen auch ohne ihn erzielen können und durch die blofse Wucht seiner Gedanken das Gemüt mächtig ergreifen und hinreifsen. Für ein feines musikalisches Empfinden aber kann vielleicht die Vollkommenheit des Genusses schon durch geringfügige Umstände erheblich beeinträchtigt werden, und um das Gröfste zu erreichen, soll man auch kleine Mittel nicht verschmähen.

Aber auch der Wissenschaft hoffe ich etwas genützt zu haben. Die Psychologie begrüfst ja jede genaue Angabe über Empfindungen mit Freuden, gleichviel, ob sie rein subjektiv sind oder auch einen objektiven Hintergrund haben. Doch auch die Physiologie erhält vielleicht einen Stützpunkt, um in die komplizierten Geheimnisse des Gehörapparates weitere Blicke zu thun. Sollten die vermuteten Resultate sich als einigermafsen wahrscheinlich erweisen, so mag sie sie nicht in stolzer Überhebung ignorieren, weil sie nicht auf dem gewöhnlichen Wege gefunden wurden, weil eine andere Geistesdisciplin in ihr Gebiet überzugreifen wagte. Jede Wissenschaft wacht ja stets mit Eifersucht auf die Grenzgebiete, welche sie mit anderen Disciplinen gemeinsam hat; nur sie will ein Anrecht darauf haben, und nur gar zu leicht blickt sie mit Verachtung auf die anderen, welche auch einen Anspruch darauf geltend machen. Dort aber,

wo nun gar Wissenschaft und Kunst, diese beiden vielfach
feindlichen Brüder, mit einander in Berührung treten, ist der
eifersüchtige Streit am erbittertsten. Die Naturwissenschaft
hält sich für zu gut, um die Ergebnisse der Kunst als bindend
anzusehen, sich von ihr Vorschriften machen zu lassen, und
die Kunst glaubt frei von allen Schranken und Gesetzen, fern
von allen verstandesmäfsigen Spekulationen ihre glänzende
Bahn ziehen zu dürfen.

Doch diese kleinliche Eifersucht, die wir so oft beobachten
müssen, schadet nur den allgemeinen Interessen. Nicht feindlich oder verächtlich sollen sich die einzelnen Geistesdisciplinen
gegenüberstehen, sondern brüderlich und stets bereit zu helfen,
aber auch bereit andere Hilfe dankbar anzunehmen. Gerade
die Grenzgebiete sind bisher allenthalben vernachlässigt worden,
weil man sich scheute, vielleicht den Widerspruch des jeweiligen Nachbars zu vernehmen. Man reiche sich die Hand
und man wird mit vereinten Kräften doppelt schnell vorwärts
dringen können — vorwärts zur Erkenntnis!

Hauptsächlich benutzte Litteratur.

Bähr, Otto. Das Tonsystem unserer Musik. Leipzig 1882.

Berlioz, Hektor. Die Kunst der Instrumentirung. Übersetzt von J. A. Leibrock. Leipzig 1843.

Bernsdorf, Eduard. Neues Universal-Lexikon der Tonkunst. 1855—65.

Billroth, Theodor. Wer ist musikalisch? Berlin 1895.

Bleuler, Eugen u. Lehmann, Karl. Zwangmäfsige Lichtempfindungen durch Schall. Leipzig 1881.

Dommer, Arrey von. Musikalisches Lexikon. Heidelberg 1865.

Eckardt, Ludwig. Vorschule der Ästhetik. 20 Vorträge. Karlsruhe 1865.

Ertel, Paul. Die Charaktere der Tonarten. Zeitschrift »Die Kritik« vom 4. Juli 1896.

Flournoy, Théodore. Des phénomènes de synopsie (audition colorée). Paris 1893.

Gathy, A. Musikalisches Konversations-Lexikon. 2. Aufl. Hamburg 1840.

Hand, Ferdinand. Ästhetik der Tonkunst. Leipzig 1837—41.

Helmholtz, Hermann, Die Lehre von den Tonempfindungen. Braunschweig 1862.

Henneberg, Eduard. De vi soni et musicae in hominem sanum et aegrotum. Inaugural-Dissertation. Jena 1846.

Köstlin, Heinrich Ádolf. Die Tonkunst. Einführung in die Ästhetik der Musik. Stuttgart 1879.

Kries, J. von. Über das absolute Gehör. Zeitschrift für Psychologie und Physiologie der Sinnesorgane. Bd. III S. 257 ff.

Krüger, Eduard. System der Tonkunst. Leipzig 1866.

Leipziger allgemeine musikalische Zeitung. Jahrgänge 1806, 1825, 1848.

Marx, Adolf Bernhard. Gluck und die Oper. Berlin 1862.

Mattheson, Johannes. Das neu eröffnete Orchester. Hamburg 1713—21.

Mendel, Hermann. Musikalisches Konversations-Lexikon. Berlin, 1870—83.

Radau, R. Die Lehre vom Schall. München 1869.

Riemann, Hugo. Musik-Lexikon. Leipzig 1887.

Schilling, Gustav. Encyklopädie der gesamten musikalischen Wissenschaft oder Universal-Lexikon. Stuttgart 1835—42.

Schubart, Christoph Friedrich Daniel. Ideeen zu einer Ästhetik der Tonkunst. Herausgegeben von L. Schubart. Wien 1806.

Stumpf, Carl. Tonpsychologie. Leipzig 1883 und 1890.

Vischer, Friedrich Theodor. Ästhetik der Wissenschaft des Schönen. Reutlingen, Leipzig und Stuttgart 1846—57.

Zamminer, Fr. Musik und musikalische Instrumente in Beziehuug zur Akustik. Giessen 1855.

Zellner, L. A. Vorträge über Akustik. Wien, Pest, Leipzig 1892.

Druck von G. Bernstein in Berlin.